La Guía Ultima Para Entrenar A Su Propio Perro De Servicio

Guía Paso A Paso Para Tener Un Perro De Servicio Extraordinario

Max Matthews

Índice

INTRODUCCIÓN 1

Capítulo 1

Leyes Y Pruebas Para Perros De Servicio 4

Capítulo 2

Selección 23

Capítulo 3

Reglas de la Casa 58

CAPÍTULO 4

Compromiso con el Entrenamiento 73

Capítulo 5

Obediencia 94

CAPITULO 6

Entrenamiento en neutralidad, desensibilización y preparación pública. 133

Capítulo 7 145

CONCLUSIÓN 219

--

INTRODUCCIÓN

Felicidades por tu primer paso para entrenar a tu propio perro de servicio! Este emocionante trayecto que estas a punto de coenzar va a guiarte fácilmente a través de lo más básico hasta lo más complicado de seleccionar y entrenar a un perro de servicio. Ya sea que estés lidiando con un trauma emocional o alguna discapacidad física, me gustaría que pienses en este libro como un libro de autoayuda. Al entrenar a tu perro no solo se creará un vínculo inseparable entre tú y tu mascota, también te permitirá alcanzar pequeñas metas que beneficiarán a ambos. Sin mencionar que te dará un elemento en tu vida que podrás controlar.

En este libro, te guiare a través de todo el proceso – desde escoger a tu perro de servicio, enseñarle las habilidades básicas, lograr una obediencia confiable, prepararte para el ADI Prueba de Acceso Público, hasta enseñarle a tu perro increíbles y útiles tareas. En este libro se incluye una gran variedad de tareas y habilidades que tu perro puede aprender para diferentes tipos de discapacidades.

Sé que estarás pensando "¿Cuánto tiempo tomará esto?" Bueno, la verdad es que esto depende de ti y ¡tu mascota! Tu perro tiene la capacidad mental de un niño de tres o cuatro años. Además, cada perro es único y aprenden de diferentes maneras. Esto significa que el tiempo que le tome a tu perro aprender una cierta tarea o habilidad dependerá de su madurez y capacidad para seguir órdenes. Ya sea que tu perro sea un aprendiz rápido o no, necesitarás tener paciencia. Esta es la llave para ser exitoso durante todo el proceso de entrenamiento. Este libro te proporciona los consejos para solucionar los problemas de tu perro si tiene dificultades para seguir una orden. Esto te ayudará a hacer más suave la progresión del entrenamiento.

Adicionalmente, este libro te dará una comprensión más profunda de la etiqueta y las leyes acerca de los perros de servicio, la terminología de entrenamiento profesional y las herramientas físicas y mentales que necesitarás para tener éxito en este esfuerzo. He dividido el libro en etapas de progresión. Es muy importante no saltarse los pasos del proceso y construir una base sólida sobre la cual formar a tu perro de servicio. ¡Por favor disfrútalo!

Capítulo 1
Leyes Y Pruebas Para Perros De Servicio

Primero y sobre todo, cualquier dueño o entrenador responsable deberá tener un buen conocimiento de las legalidades respecto a la comunidad de perros de servicio. En este capítulo cubriremos lo que se espera de ti, tu acompañante y del público en general a partir de ahora.

Bajo la Ley de Estadounidenses con Discapacidades (ADA), un perro de servicio es definido como "un perro que ha sido individualmente entrenado para trabajar o realizar tareas para un individuo con una discapacidad". Las discapacidades incluyen pero no están limitadas a: problemas de movilidad, problemas sensoriales, diabetes, esclerosis múltiple, autismo, epilepsia, y desorden de estrés post traumático (PTSD), por nombrar algunas. Si tu discapacidad no está en la lista, aún eres eligible para tener un perro de servicio si eres incapaz de realizar una función considerada normal/fácil para la mayoría de las personas sin el uso de un perro de servicio. Funciones tales como comer, recordar, ver, escuchar y sostenerte son algunos ejemplos.

Como lo dice la ADA, a pesar de las leyes del edificio de tu departamento o la propiedad que rentes, tienes el derecho de vivir con tu perro de servicio. Esto además te exime de cualquier tarifa de depósito por mascota ya que se les considera como una parte esencial de tu calidad de vida y no como una mascota. Lo mismo aplica para hoteles; ellos no pueden cobrarte un depósito por mascota. Los únicos dos lugares en los que no se permiten perros de servicio (debido a códigos de salud) es la sala de operaciones de un hospital y la cocina de un restaurant donde se preparan alimentos.

Después, en este libro discutiremos cómo se deberá comportar tu perro en público, pero ¿qué hay de la gente? Cuando salgas en público, hay algunas cosas que debes recordar. Primero, no todo el mundo aceptará perros en lugares como comunes como restaurantes, bibliotecas u hospitales. Segundo, sin importar qué tan molestos estén, hay cosas que ellos no pueden hacer, por ejemplo: pedir que te vayas, preguntar cuál es tu discapacidad y pedir pruebas de tu discapacidad o el certificado de tu perro de servicio. Puedes evitar algunas de estas preguntas (que quizás sean preguntadas de todas formas) colocando un chaleco con la etiqueta de perro de servicio y/o una identificación en el chaleco o collar de tu perro. Como sea, el dueño del negocio o cualquier persona puede preguntarte cuales son las tareas que tu perro realiza por ti. Por ejemplo, si tu perro actúa como una barrera entre tú y las personas detrás de ti (muchas veces para veteranos a quienes les provoca ansiedad estar en línea con alguien parado muy cerca detrás de ellos), quizás tengas que decirles la acción que tu perro realiza pero no tienes que explicar el por qué.

Otro ejemplo es si tu perro de servicio está entrenado para recordarte que tomes tu medicación a cierta hora, quizás tengas que explicar la tarea pero no tienes que decir qué medicamento es o para qué lo tomas.

Volar con tu perro de servicio es importante, especialmente porque uno de los servicios que tu perro puede proporcionarte es apoyo emocional durante un vuelo. Por fortuna, la ley ADA te da el derecho de llevarlo en el avión a tu lado sin tener que pagar ningún cargo por él. Por favor recuerda que solo está permitido llevar un perro de servicio por vuelo a la vez. Además podrás abordar primero, como cualquier persona con silla de ruedas lo hace. A continuación te proporciono algunas aerolíneas y sus lineamientos a seguir.

Alaska Air:

- Sin cargo.
- Una indicación visible, como en el chaleco o el collar.
- Se requiere una garantía verbal de que la tarea que su perro realiza es requerida si el personal de la aerolínea realiza una consulta.

- Los perros de servicio con los arneses adecuados pueden sentarse a los pies de la persona, excepto si son demasiado grandes y obstruyen el pasillo o el área utilizada para las salidas de emergencia.

American Airlines:

- Sin cargo.
- Una indicación visible, como en el chaleco o el collar.
- Se requiere una garantía verbal de que la tarea que su perro realiza es requerida si el personal de la aerolínea realiza una consulta.

Jet Blue:

- Es requerida una indicación visible, como en el chaleco o el collar.
- Se requiere una garantía verbal de que la tarea que su perro realiza es requerida si el personal de la aerolínea realiza una consulta.
- La documentación también es aceptada.

US Airlines:

- Se requiere uno de los siguientes; tarjeta de identificación del animal, arnés o etiquetas, documentación escrita, una garantía verbal.

Virgin Airlines:

- Se requiere uno de los siguientes; tarjeta de identificación del animal, arnés o etiquetas, documentación escrita, una garantía verbal.

Aunque no necesitas ser un profesional para entrenar a tu perro, se recomienda encarecidamente que realices la prueba de Acceso al Publico. Se trata de una prueba creada para asegurar la validez del adiestramiento básico realizado por el perro de servicio. Esta prueba no incluye tareas entrenadas para ayudar con tu discapacidad. Para poder tomar la prueba, se deben invertir un mínimo de 120 horas de entrenamiento en tu perro. Esto debería tomar cerca de seis meses. En la prueba, no está permitido el uso de premios ni correcciones de correa. A través de este libro lograremos la meta de eliminar estos dos factores así no serás dependiente de ellos. El perro no debe mostrar ninguna agresión o miedo y si lo llega a hacer será descalificado.

PRUEBA DE ACCESO PÚBLICO DE PERRO DE ASISTENCIA INTERNACIONAL (ADI):
Aquí hay un esquema general de en qué consiste esta prueba. El evaluador y tu acordarán un lugar adecuado para la prueba. Serás responsable de traer un asistente, un plato de comida, un perro asistente y tener acceso a un carrito de compras.

CONTROLE A SU PERRO CUANDO BAJE DE UN VEHÍCULO:

Primero, descarga cualquier equipo necesario como silla de ruedas, muletas, bastones, etc. Una vez hecho esto, el perro puede ser liberado del vehículo y esperar más instrucciones del guía. El perro no debe correr sin correa ni ignorar las órdenes dadas por el guía. Una vez que el guía y el perro estén instalados, un asistente con un perro caminará a unos seis pies de distancia de ti. Ambos perros deben permanecer tranquilos y bajo control. No deberían intentar acercarse el uno al otro.

- **Acercamiento al establecimiento:** Después de completar el primer ejercicio, tú y tu perro navegarán por el estacionamiento hacia el edificio de la ubicación acordada. Tu perro debe permanecer en una posición relativa de talón junto a ti y es posible que no se le permita avanzar o quedarse atrás. Cuando se presenten automóviles u otras distracciones, tu perro no debe mostrar miedo hacia ellos. Si te detienes por cualquier motivo, tu perro también deberá hacerlo.

- **Entrada controlada a través de la puerta:** Al atravesar el umbral del edificio, debe mantener el control y pasar de manera segura a través de la puerta. Una vez dentro, no está permitido que tu perro abandone la posición relativa del talón y no debe solicitar la atención de nadie.

- **Cerca del talón través del edificio**: Debes demostrar el control de tu perro mientras camina por el edificio. Tu perro no debe estar a más de un pie de distancia de ti y debe poder caminar entre multitudes de personas manteniendo tu ritmo. Él / ella debe reducir la velocidad para alcanzar tu ritmo y detenerse rápidamente cuando lo hagas. Los giros en las esquinas deben ser rápidos y no debe retrasarse. Si te encuentras en un espacio reducido, tu perro debe poder navegar de manera segura sin dañar ninguna mercancía a tu alrededor. La única excepción a la tensión en la correa es si está jalando tu silla de ruedas.

- **Dirigir a seis pies de distancia:** Una vez que se encuentren en un área abierta, el evaluador te pedirá que realices una revisión de seis pies. Con una correa de seis pies (o más), dejarás a tu perro en una estancia, te darás la vuelta y lo llamarás. Esta debe ser una acción rápida y sin esfuerzo. El perro no debe rogar ni solicitar la atención de extraños. A tu regreso, tu perro debe acercarse lo suficiente para que lo toques fácilmente.

- **Comando sentarse/sit:** Habrá tres ocasiones individuales en las que se te pedirá que sientes a tu perro. En cada una, el perro debe responder rápidamente con no más de dos repeticiones de la orden. La primera sentada se realizará junto a un plato de comida. Te está permitido corregir a tu perro verbal o físicamente por olfatear la comida, pero una vez hecho esto tu perro deberá permanecer sentado e ignorar la comida completamente. Tu perro no debe intentar alcanzar la comida. Para la segunda sentada, se te pedirá que sientes a tu perro y luego el asistente del evaluador pasará junto a ti a un metro de distancia con un carrito de compras. Tu perro no debe mostrar ningún miedo hacia el carro. Si comienza a moverse, se te permite corregirlo para mantener la posición. Finalmente, tu perro debe mantenerse sentado mientras el asistente del evaluador camina detrás de ti y tu perro, luego comenzará una conversación contigo y acariciará a tu perro. Tu perro no debe romper su posición para pedir la atención del asistente. Es posible que se te permita repetirle el comando verbalmente para alentarlo a que siente o dar una corrección física.

- **Comando abajo/down:** Al igual que en el ejercicio seis, el comando abajo incluirá varios ejercicios con algunas variaciones. Para el primer ejercicio, estarás sentado en una mesa con tu perro en esta posición debajo de la mesa fuera del camino. Luego, la comida se dejará caer de la mesa y tu perro debe mantener su posición y no romper para comer u oler la comida. Se te permitirá realizar correcciones verbales o físicas. Una vez ejecutado el segundo ejercicio de "abajo", un adulto y un niño se acercarán a ti y a tu perro; tu perro no romperá su posición y no solicitará atención. El niño puede acariciar a tu perro, y tu perro debe mantener su posición.

- **Distracción ruidosa:** Mientras tú y tu perro recorren el edificio, el evaluador dejará caer su portapapeles detrás de ti. Su perro puede saltar y / o girar, pero debe recuperarse rápidamente y volver a colocarse junto a ti. Cualquier miedo excesivo o agresión exhibida como resultado del ejercicio, concluirá la prueba y será descalificado.

- **Restaurante:** Al igual que en el ejercicio siete (de hecho, es muy probable que este sea el momento en el que se hará la prueba del número siete), tu perro estará en el piso debajo de tu mesa. Mientras esté sentado, tu perro debe abstenerse de mostrar interés en otras mesas y personas mientras camina. Una vez sentado, no debe obstruir el pasillo de ninguna manera. A tu perro se le permitirá moverse ligeramente (pararse, girar y acostarse) para que se sienta cómodo siempre que no requiera muchas correcciones o recordatorios.

- **Sin dirigir:** Mientras recorres el edificio, en algún momento, tu evaluador pedirá que sueltes la correa. Continuarás caminando cuando tu perro reconozca que se ha soltado la correa. Aunque variará mucho según tu discapacidad, el propósito de la prueba es demostrar que puedes mantener el control de tu perro y recuperar la correa.

- **Separación:** El asistente del evaluador le quitará la correa a tu perro y lo sostendrá pasivamente sin darle ninguna orden mientras camina a 20 pies de distancia. Tu perro debe permanecer tranquilo, sereno y no mostrar ningún signo de estrés excesivo, lloriqueos o ladridos. Cualquier agresión también resultará en la descalificación.

- **Salida controlada:** De manera similar a la forma en que ingresaron al edificio, tú y tu perro deben salir de manera segura a través del umbral de manera controlada y navegar de regreso a través del estacionamiento. No debe mostrar ningún signo de agresión o miedo ante los ruidos del tráfico, los coches u otras distracciones.

- **Subida controlada al vehículo:** Una vez en el vehículo, tu perro debe esperar pacientemente y no deambular mientras cargas tu equipo en el automóvil. Luego sube a tu perro al vehículo de manera segura.

- **Relación de equipo:** A lo largo de la prueba, tú y tu perro deben estar en un estado de calma y trabajar bien juntos con poca o ninguna adversidad. Ambos deben promover la positividad ante el público y mantener una conducta relajada.

También te conviene participar en la Prueba del Buen Ciudadano Canino. Esta es una excelente manera de documentar que adiestraste a tu perro para asegurarte de que sea seguro sacarlo en público con niños, otras personas y perros. Esta prueba debe realizarse sin su chaleco de servicio. (Más sobre eso más adelante en el libro)

PRUEBA DEL BUEN CIUDADANO CANINO: Algunos de estos ejercicios los reconocerá en la Prueba de acceso público.

- **Extraño Amigable:** Tu perro debe sentarse pacientemente a tu lado mientras un extraño / evaluador se acerca a ti. El evaluador normalmente te dará la mano y tendrá una breve conversación normal contigo. Tu perro debe mostrar cero miedo, agresión o timidez y permanecer neutral ante la presencia del extraño que lo ignorará.

- **Sentarse cortésmente para las caricias:** Tu perro no debe mostrar ningún desdén o timidez hacia el evaluador mientras este acaricia su cabeza y cuerpo. Puedes tranquilizar a tu perro mientras se realiza esta prueba.

- **Apariencia y aseo:** Es importante que tu perro sea agradable a la vista y esté limpio para lugares como hospitales y restaurantes. Esta prueba no solo demuestra la neutralidad de tu perro para ser acicalado, sino que también evalúa su salud (incluido el peso adecuado y el estado de alerta mental). El evaluador inspeccionará sus oídos, patas y encías. Luego, peinará suave y naturalmente el pelaje de tu perro.

- **Caminando con la correa suelta:** A menudo, dado un curso de dirección planificado previamente, se esperará que pasees a tu perro con una correa suelta. Debe quedar claro que la atención de tu perro está en ti y en el lugar donde camina. Esto es para demostrar tu control sobre tu perro cuando caminas y cambias de dirección. Debe haber al menos un giro a la derecha, un giro a la izquierda y un alto.

- **Caminando a través de la multitud:** Según el Club Estadounidense Kennel, una multitud de personas consta de al menos tres personas. Tú y tu perro deben caminar cortésmente entre la multitud de personas sin poner ningún esfuerzo en la correa.

- **Comando sentarse/sit, abajo/down y quédate/stay:** Antes de la prueba, la correa de tu perro se reemplaza por una correa de 20 pies/6 metros. Sentarás a tu perro y luego le dirás que se acueste. Una vez que tu perro esté en su posición hacia abajo, dejarás a tu perro. Puedes decirle que se quede, o si has incorporado el comando a la cama en tu perro, simplemente puedes dejar de lado a tu perro. A un ritmo natural, dejarás el lado de tu perro caminando hacia adelante y luego girarás al final de la correa y volverás a tu perro con calma. Debe permanecer en la posición en la que lo dejaste hasta que el evaluador dé más instrucciones.

- **Llamar:** Al igual que en el ejercicio de permanencia, dejarás a tu perro y caminarás a 10 pies de distancia. Una vez que estés a 10 pies de distancia, te darás la vuelta, mirarás a tu perro y lo llamarás.

- **Reacción a otro perro:** El propósito de esta prueba es demostrar cómo se comporta tu perro con otros perros. A 20 pies de distancia, tú y otro guía acompañado por su perro comenzarán a caminar el uno hacia el otro. Tu perro no debe mostrar ansias, miedo o agresión hacia el perro que se acerca. Una vez que se encuentren, se detendrán, se darán la mano e intercambiarán una pequeña charla. Los perros pueden reconocer la presencia del otro, pero es posible que no estén demasiado interesados. Luego, continuarán caminando uno al lado del otro otros 10 pies. Tu perro debe continuar contigo y no concentrarse en el perro que está detrás de él.

- **Reacción a la distracción:** Durante esta prueba, el evaluador les presentará a ti y a tu perro dos distracciones. Tu perro debe permanecer tranquilo durante este tiempo. No debe ladrar ni entrar en pánico mostrando miedo o agresión. Algunos ejemplos de distracciones a las que puede estar expuesto durante la prueba son un paraguas que se abre, una persona corriendo, una silla, muleta o bastón que se cae.

- **Separación supervisada:** El objetivo de esta prueba es demostrar que tu perro puede quedarse con un amigo o familiar de confianza mientras tú te vas y te pierdes de la vista de tu perro. Durante este ejercicio, tu perro debe permanecer bajo el control de quien tenga la correa. El evaluador le quitará la correa y debes permanecer fuera de la vista hasta por tres minutos. No debe quejarse, ladrar o caminar durante este tiempo.

Los únicos collares permitidos durante la Prueba Canina de Buen Ciudadano son collares planos y collares de estrangulamiento hechos de nailon, cuero o cadena. No se permiten collares de dientes, cabestros ni collares eléctricos.

También puede usar un arnés para el cuerpo o un chaleco para su perro. Tu evaluador te proporcionará una correa de línea larga. Sin embargo, tu eres responsable de traer tu propio cepillo o peine.

No se permiten artículos de recompensa como juguetes y comida durante la prueba. Sin embargo, puedes acariciar a tu perro entre ejercicios. Con la excepción del último ejercicio al aire libre, tu perro no debe hacer sus necesidades durante la prueba. Si lo hace, será descalificado. Cualquier agresión exhibida por tu perro también resultará en la descalificación.

Es imperativo que tu perro de servicio se mantenga sano y limpio. Ser miembro de la sociedad significa que debe oler al menos neutral y verse limpio. Las uñas de un perro de servicio deben ser limadas y cortadas para evitar dañar cualquier objeto que pueda encontrar en público, como los estantes de las tiendas. Es aconsejable llevar contigo un cepillo, un peine y toallitas higiénicas todos los días. La caída del pelo debe mantenerse al mínimo. Muchos restaurantes son reacios a servir perros de servicio debido a que los dueños no controlan su muda y a otras razones. Las toallitas sanitarias son lo mejor para la salud de tu perro. El mundo es un lugar muy sucio y el suelo está cubierto de gérmenes. Es importante revisar las almohadillas de las patas de tu perro con regularidad para asegurarse de que estén limpias y en buen estado. Por ejemplo, si estuvieras en el mecánico, caminando por el piso del garaje o incluso en un estacionamiento, tu perro podría recoger aceites de los autos en sus almohadillas y luego ingerir los aceites al lamerse las patas.

¿Te gusta lo que estás leyendo? ¿Quieres escuchar esto como un audiolibro? ¡Haz clic aquí para obtener este libro GRATIS al unirte a Audible!

https://adbl.co/2Nw1wg1

Capítulo 2
Selección

Tal cómo lo mencioné en la introducción, cada perro es único de una manera que su capacidad de adiestramiento puede variar de Forest Gump a Albert Einstein. La buena noticia es que puede mejorar esto mediante la formación. Sin embargo, hay algunos rasgos que un perro podría poseer y que no son fáciles de manejar. Por eso es importante recordar que la genética juega un papel crucial en el proceso de entrenamiento y el resultado general de su perro de servicio. Piensa en la mayor parte de los perros de servicio que has visto; ¿Qué razas te vienen a la mente? Lo más probable es que estés pensando en las mezclas de Labrador, Golden Retrievers y Poodle. ¡Hay una razón! Una gran parte de los perros de servicio entrenados profesionalmente se ha criado específicamente para este trabajo. Estos rasgos incluyen dependencia al manejador, nivel de energía leve, nervios sólidos y buena salud en general. Incluso cuando se crían y prueban cuidadosamente para estos rasgos, muchos de los cachorros nacidos en esta línea de trabajo se acicalan y se envían a hogares de mascotas.

Dicho esto, si eliges ir a un criador para seleccionar a tu perro de servicio como candidato, no tomes una decisión final basada en la frase: "¡Oh, le gusto!". Mucha gente comete el error de asumir que si el perro "te elige", es una pareja perfecta. Sin embargo, independientemente de la edad, cuando se trata de seleccionar a su superhéroe (me refiero al perro de servicio), tu criterio debe basarse en lo que tu discapacidad exige.

De acuerdo con la definición de ADA de un perro de servicio, es imperativo que tenga en cuenta lo que se espera de su perro. Por ejemplo, si le falta movilidad, seleccionaría un perro que ya disfruta sostener objetos en la boca. Esto será beneficioso para usted en el futuro cuando enseñe comandos como traer, abrir / cerrar y mantener. Para algunos perros, sostener objetos en la boca es desagradable, mientras que para otros perros, es un placer hacerlo. Además, un hocico que no discrimine objetos (un rasgo que posee un perro que le permite no preocuparse por lo que tiene en la boca) reducirá las posibilidades de que usted se sienta frustrado por la falta de voluntad de su perro para realizar una tarea. Por lo tanto, obstaculiza su entrenamiento y potencialmente empaña su relación.

Otro ejemplo de selección consciente se centra en la dependencia inherente (un rasgo que posee un perro que lo hace concentrarse más en su guía). Esto es un perro que se siente más cómodo al estar al lado de su guía que cuando está explorando y encontrando valor en algo u otra persona. Después de todo, ¿de qué sirve un perro de servicio que no puede o no quiere concentrarse en su trabajo? Imagine que su discapacidad es un trastorno de estrés postraumático. Como muchos que sufren de esto, entra en pánico y se estresa cuando se enfrenta a grandes multitudes. Si tienes un perro que está más interesado en lo que hace la multitud, ¿cómo se supone que calmará tu miedo? Un perro que depende naturalmente de su guía buscará la respuesta como un comportamiento predeterminado (un comportamiento al que se dirige un perro cuando tiene dudas sobre lo que debe hacer) en situaciones como esta. Este rasgo permitirá una base sólida, ya que tendrá que esforzarse menos para ser el foco predominante de su perro en cualquier situación dada. Una buena forma de probar estos factores es jugar a buscar con el perro. Si te trae el juguete por defecto, es seguro predecir que el perro estará dispuesto a trabajar con humanos y debería hacer que algunas de las tareas sean menos frustrantes de enseñar. Un perro que no lo trae de vuelta y prefiere quedarse con el juguete para sí muestra signos de que no puede ser cooperativo durante el entrenamiento de tareas y ser más independiente. Recuerde que cualquier persona, incluidos los perros, puede tener un mal día. Prueba estas pruebas varias veces en el transcurso de algunas semanas. Sí, por supuesto, cualquier perro puede ser entrenado para recuperar objetos, pero con esta prueba, estás evaluando su afán por trabajar con humanos.

Escoger a un perro que naturalmente no quiere traerte artículos de regreso puede necesitar ser entrenado con compulsión para hacerlo. Esto, aunque efectivo, requiere más tiempo y paciencia, y el perro no disfrutará de su trabajo tanto como si estuviera dispuesto. Al realizar la prueba, hay formas en las que puede resaltar este entusiasmo por recuperar si el perro que está probando está dispuesto a complacer. Estos incluyen el uso de un clicker y una recompensa por regresar con el juguete o usar otro perro que disfruta recuperando para obtener una ventaja competitiva.

Anteriormente, tocamos las razas comunes utilizadas en esta línea de trabajo. Los labradores son perros de servicio maravillosos siempre que tengas el tipo adecuado de labrador. Los perros de la misma raza son tan similares como las personas de la misma raza. Sí, tienen rasgos y características físicas similares, pero dependiendo de su árbol genealógico, pueden diferir mucho. Tomemos, por ejemplo, un labrador de campo, criado como un perro pájaro, de energía extremadamente alta. Son los labradores que destrozan tu casa y derriban a la abuela (con amor) mientras atraviesa la puerta. Por otro lado, tienes el laboratorio de inglés. A menudo más regordete y feliz de ser un adicto a la televisión. Examen sorpresa: ¿con cuál te sentirías más cómodo en público? Si dijiste el labrador de campo, estás loco y deberías volver a leer el capítulo uno. Ahora, eso no quiere decir que no pueda elegir un perro que tenga poca energía y que también disfrute de largas caminatas o incluso caminatas cortas. Sin embargo, es mucho más probable que un perro de servicio equilibrado se contente con descansar cuando su trabajo requiere acompañarlo a cenar en un restaurante elegante, leer en la biblioteca o tomar notas en un aula o sala de conferencias.

Esta actitud suave a menudo juega un papel en los nervios del perro. Todos lo hemos visto, el perro de la familia está durmiendo en el suelo y alguien accidentalmente le pisa la cola. El perro salta y sale corriendo, se muestra agresivo o apenas se inmuta por ello. Las dos acciones se reducen a luchar o huir (una defensa inherente que todos los animales poseen y que se desencadena por el peligro percibido. O el animal responde huyendo o agrediendo hacia el peligro), pero la tercera es ideal. Cuando un perro tiene buenos nervios, esto significa que es capaz de mantener la compostura en situaciones estresantes. Esto no significa que si un perro salta en el aire cuando un tazón de metal para perros golpea el piso de concreto, el perro no sirva. Mientras el perro se recupere, esto se puede solucionar. La rapidez con la que un perro se recupera de un sobresalto le dirá lo fácil o difícil que será desensibilizarlo a los ruidos y nuevos entornos. Cuando selecciona un perro con un tiempo de recuperación prolongado, lo más probable es que pase la mayor parte del entrenamiento para que su perro se sienta cómodo en un nuevo entorno. Esto les quita tiempo para trabajar en su obediencia y tareas en público. Si intenta trabajar en estas cosas mientras el perro está en un estado nervioso, no solo hará poco o ningún progreso, sino que también creará una asociación negativa con esos comandos y tareas. Puede probar el tiempo de recuperación dejando caer al azar un objeto como un cuenco de metal, un libro, una bolsa de patatas fritas o cualquier cosa que pueda provocar una reacción de sobresalto. Si el perro se aleja y se encoge, lo más probable es que no sea un buen candidato para el trabajo de servicio. Si se asusta y se agacha, pero retoma su postura natural, es un buen indicio de que necesitará menos energía para adaptarse a nuevos entornos y situaciones estresantes. Le irá bien una vez que comience el entrenamiento de desensibilización. ¡Puntos extras para el perro que no se inmuta e investiga el objeto caído!

Habrá ocasiones en las que otras personas pisarán accidentalmente la cola de su perro. Esto sucederá principalmente cuando su perro esté acostado junto a usted mientras come o en otras situaciones en las que esté sentado en público. ¡Tómalo como un cumplido! Es de suma importancia que su perro esté insensible al tacto porque ocurren accidentes, y un perro que no esté acostumbrado a este estímulo creará una escena que anule el propósito de tener un perro de servicio; mejorar tu calidad de vida. Para probar esto, comience simplemente acariciando al perro. Un perro que se emociona fácilmente con el tacto es una mala elección. Sujete ligeramente las orejas, el hocico y luego la papada del perro. Está bien si el perro siente curiosidad por lo que estás haciendo. Sin embargo, él / ella no debe reaccionar agresivamente (usar la boca no es agresión y debe esperarse que los perros exploren con la boca). Luego, muévete a las patas. Pasa las manos por las piernas del perro y agárralo por los pies. Aplica una presión uniforme en la pata del perro y luego pellizca suavemente la membrana entre los dedos de los patas. Note la reacción del perro. Cuanto más acepte su invasión, más probabilidades tendrá de convertirse en un compañero confiable y sensato en situaciones como ser pisoteado, visitas al veterinario y el ocasional niño desagradable o no permitido tocando la cara de su perro. Si el perro no perdona al evaluador, esta puede no ser la mejor opción, ya que puede guardar rencores que podrían obstaculizar el entrenamiento.

Dado que su objetivo final es completar con éxito la prueba de acceso público de la ADA, sería conveniente que evaluara a sus candidatos con esto en mente. Esto significa que sus candidatos deberían poder entrar y salir fácilmente de los vehículos, por lo que necesitaría evaluar la salud física del perro para esta acción y su voluntad de saltar dentro y fuera de un vehículo. Mientras estamos en el tema de los automóviles, su perro de servicio deberá poder calmarse junto a los automóviles en movimiento y el tráfico intenso. Está bien si su posible perro es un poco cauteloso, pero recurrir a una respuesta de lucha o huida no es una buena señal. Si puede llevar a su candidato a una tienda que admita perros, observe la forma en que navegan por las islas y maniobran alrededor de las exhibiciones y en espacios reducidos. El perro debe mostrar confianza y no estar demasiado interesado en otras personas, especialmente sin tratar de llamar la atención del público. Es importante observar el nivel de energía de un perro en este entorno. Él / ella no debe emocionarse demasiado al ver personas / niños o perros y no debe alterar ningún exhibidor o mercadería. Alternativamente, un perro que se escabulle por los pasillos y es reacio a atravesar los umbrales probablemente terminará necesitando más rehabilitación que el entrenamiento de rutina.

Muchas veces, se pueden encontrar buenos candidatos para perros de servicio en rescates y refugios. No te preocupes. Si desea cambiar su nombre, consuélese con el hecho de que los perros son muy adaptables y, cuando se hace correctamente, su perro moverá la cabeza y escuchará el sonido de su nuevo nombre. Algunos perros incluso responden a apodos para asociarlos con las acciones del ser humano. Si elige comprarle a un criador, es importante preguntar para conocer el temperamento y el nivel de energía de los perros que han criado. Las razas puras que sugeriría son los labradores, los golden retrievers y los perros retrievers de pelo liso. En última instancia, depende de usted qué raza le gustaría. Si elige una raza que generalmente tiene el estigma de ser "mala", tenga en cuenta que puede encontrarse con alguna persona exprese su opinión (no muy buena) sobre esto. Pregúntese: "¿Quiero defender a mi perro cada vez que salgo?" He visto esto con veteranos militares que entrenan a su Pitbull para que sea su perro de servicio, y aunque el perro se comporta perfectamente, el público presenta un problema con la presencia del perro. Esto inevitablemente agregará estrés a su vida en lugar de mejorar su calidad. Las personas que han experimentado este error terminan pasando más tiempo en casa en lugar de salir en público. Esto no solo afecta su calidad de vida, sino que también hará que la obediencia de su perro disminuya. La constancia es importante para mantener su obediencia aguda. Si usted o alguien con quien vive tiene alergias, le recomiendo buscar un criador de labradores australianos. Hay una gran diferencia entre Golden Doodles, Labradoodles y Labradoodles Australianos. La mayoría de los Golden Doodles y Labradoodles que ves tienen en su composición genética los linajes de mayor energía en los perros caza. Los caniches también suelen ser perros muy hiperactivos. Mezcle estos dos y obtendrá bolas de hiperactividad inmaduras y excesivamente estimuladas. No solo están ansiosos, sino que también suelen tardar en madurar, lo que los hace tener una mentalidad de cachorro hasta la edad adulta. Además, sabes que los cachorros suelen distraerse: ¡ARDILLA! Esto es divertido para un hogar de mascotas, no para una biblioteca. Alternativamente, el Labradoodle australiano se cría específicamente para el trabajo de perro de servicio. No solo son hipoalergénicos, sino que también son inteligentes, ecuánimes y maduran a un ritmo muy rápido. Muchas veces maduran antes de cumplir un año.

Una vez que haya seleccionado el perro que cree que será el más adecuado, es aconsejable tener un período de prueba en el que el perro viva con usted durante un mes para confirmar que se adapta bien a usted, su familia y su estilo de vida. Durante este tiempo, lleve al perro con usted tanto como sea posible. Si eres propenso a sufrir convulsiones o ataques de pánico, asegúrate de que el perro no le tenga miedo a estos episodios. No solo es importante observar su comportamiento durante, sino también justo antes de que ocurra la convulsión o el ataque de pánico. Algunas acciones que el perro puede exhibir naturalmente son ladrar o llorar, patear o saltar sobre ti. Pasar mucho tiempo con los amigos es muy importante. Verá, cuando pasa mucho tiempo con un amigo muy cercano, inmediatamente notará cambios sutiles en su comportamiento o estado de ánimo. Notaría rápidamente cuándo se siente mal o si algo lo molesta. Lo mismo ocurre con los perros. Cuanto más cerca esté de su perro, más podrán conocer sus sentimientos: si se siente incómodo, si está enfermo o si está a punto de sufrir un ataque de pánico.

Dado que los perros se basan en el orden de los eventos para decidir qué vale la pena recordar y responder y qué debe descartarse, son maestros en leer tu cara de póquer y captar esos comportamientos minúsculos que exhibes antes de sucumbir a un ataque de pánico. Tenerlo cerca de usted tanto como sea posible le dará una mejor oportunidad de ver cuál es su alerta y le dará a su perro más información para recopilar y poder saber cuándo ocurre el cambio. Si bien es un tema controvertido si los perros pueden detectar las convulsiones antes de que ocurran, pueden reconocerlas a medida que ocurren y pueden ser entrenados para encontrar ayuda, recuperar un teléfono o incluso permanecer con la persona durante la convulsión. La capacidad de su perro para mantenerse tranquilo mientras le ayuda en estas situaciones es muy importante. Es por eso que, mientras el perro todavía está en libertad condicional, debe asegurarse de que el perro no muestre ningún signo de miedo hacia estos episodios. Se necesitaría más tiempo y energía para desensibilizarlo a la situación y luego pedirle que realice una tarea mientras está estresado y asustado. No es justo para el perro. Y nuevamente, elimina el propósito de tener un perro de servicio.

Perros que alertan alergenos: Como seres humanos, tenemos alrededor de 5 millones de receptores olfativos que nos ayudan a concluir que se está horneando un pastel en el horno. Sin embargo, los perros tienen 220 millones de receptores en su sistema olfativo que les permiten determinar que se está horneando un pastel de zanahoria en el horno hecho con dos tazas de harina para todo uso, dos tazas de azúcar, una cucharadita de sal, cuatro huevos, tres tazas de zanahoria, creo que entiendes el punto. Su nariz es tan poderosa que pueden identificar el olor residual de donde alguien tocó el pomo de una puerta y luego llevarte directamente a esa persona exacta. Es con este talento altamente desarrollado que pueden alertar a quienes padecen alergias severas sobre peligros en el área o incluso en sus alimentos.

Por ejemplo, digamos que es alérgico a los huevos. Su perro podría oler el pastel de zanahoria mencionado anteriormente y alertarle de que hay huevos horneados en el contenido del pastel. Esto se hace aislando el ingrediente y creando una asociación positiva con el olor y recompensando al perro por alertarlo. Esto puede llevar más de un mes para entrenar para completar la precisión. Esto (al igual que con otros perros de servicio entrenados en detección) aprovecha su instinto natural de buscar aromas y convierte su vida en un juego divertido en el que son recompensados por encontrar una determinada esencia o aromas.

Los perros son más felices cuando pueden usar con éxito sus instintos naturales y son recompensados por ello. Un perro que está siendo seleccionado para esta línea de trabajo no debe estar ansioso y debe ser capaz de concentrarse en un olor para cazar. La independencia y la inteligencia también son necesarias si se espera que el perro esté constantemente al acecho (u oliendo, jaja) en busca de alérgenos. El manejador ideal es alguien mayor de quince años. Esto se debe a que trabajar con un perro detector no es fácil y hay muchas idiosincrasias que alguien más joven puede perder. Por favor tenga esto en cuenta para otros perros detectores de olores enlistados en este libro. Una cosa importante a tener en cuenta sobre los perros detectores de alérgenos es que para mantener su entrenamiento, debes entrenarlos con los alérgenos a los que normalmente no te acercarías. Puede tomar precauciones como usar guantes de látex y mantener el alérgeno en un lugar separado con una parte superior de malla pequeña para limitar el contacto. Un perro detector de alérgenos no alerta a los precursores de la anafilaxia. Se deben tener en cuenta muchos factores con todos los perros detectores, incluidos la edad del olor, el flujo de aire y las barreras físicas, como envoltorios o bolsas selladas. La precisión de su perro alérgeno dependerá de estos factores, junto con la frecuencia con la que mantiene el entrenamiento y su capacidad para trabajar con su perro. La mayor parte de la formación se realiza en un restaurante o en otras áreas públicas. Esto requiere que el perro pueda trabajar con distracciones y olores competitivos. Dicho esto, si es alérgico a más de un alimento o material, un perro de detección de alérgenos puede hacerlo con éxito para ambos simultáneamente, y si uno de ellos está presente, lo alertará del peligro. No se sugiere que entrenes a tu propio perro con alerta de alérgenos, ya que este es un trabajo que debe ser muy consistente y es posible que te pierdas algunas de las idiosincrasias durante el entrenamiento.

Perros de Alerta Diabética: Muchos diabéticos pueden sentir los síntomas del descenso de su nivel de azúcar en sangre. Sin embargo, algunas personas que han tenido el trastorno de diabetes tipo 1 durante mucho tiempo pueden desarrollar una condición que se llama Hipoglucemia inconsciente. Tener esta afección evita que pueda notar cuándo presenta síntomas de niveles bajos de azúcar en la sangre, incluidos mareos, temblores y sudoración. Sin el conocimiento de estos síntomas para indicarle que coma algo para elevar su glucosa en sangre a un nivel normal, puede sufrir un desmayo, una convulsión o incluso podría resultar en un coma.

Los diabéticos viven con el temor constante de que esto pueda suceder en un momento inesperado. Para mitigar este miedo y disminuir la posibilidad de sufrir una convulsión o desmayo, los perros están entrenados como perros de detección que alertan sobre niveles bajos de glucosa. Los perros son capaces de detectar los bajos niveles de glucosa a través del sudor que secretan sus dueños cuando están experimentando hipoglucemias. Para entrenar a estos perros, las instalaciones de investigación de la diabetes recolectan muestras de sudor. Estas muestras de sudor se toman de pacientes que estaban experimentando hiperglucemia (glucosa alta en sangre) o hipoglucemia (glucosa baja en sangre). Otra forma de que los perros de alerta de diabetes detecten el cambio en los niveles de glucosa en sangre es a través de la respiración de su dueño. Durante la hipoglucemia, su cuerpo exhala una sustancia química llamada isopreno y puede ser detectada por la nariz de un perro. Esta es una forma de entrenamiento menos practicada. Hay varias formas en que su perro con alerta de diabetes puede responder a sus cambios en el olor. Algunos de estos incluyen; marcar 911 en un teléfono especial K9, empujar su brazo, saltar sobre su regazo, lamerlo en exceso, manosearlo y / o recuperar sus medicaciones necesarias, por nombrar algunos.

Debido a la gravedad de la importancia de la precisión que debe tener un perro con alerta de diabetes, no se recomienda que usted entrene al suyo. No para la tarea de detección, al menos. Pasan muchos meses para asegurar la precisión de estos perros. Debido a la tediosa capacitación que se requiere, la capacitación es muy costosa. Pero tenga en cuenta que no todos los diabéticos requieren un perro de detección. Por lo general, solo los diabéticos tipo uno experimentan los problemas asociados con la hipoglucemia. Hay muchos factores que puede revisar para decidir si un perro con alerta de diabetes es adecuado para usted. Por ejemplo, si no tiene inconsciencia de la hipoglucemia, pero sus niveles de glucosa en sangre fluctúan con frecuencia peligrosamente altos o peligrosamente bajos por la noche mientras duerme, un perro alerta de diabetes podría ayudarlo despertándolo cuando el cambio en se detectan niveles. En general, si está debilitado por la paranoia de la hipoglucemia o la hiperglucemia, conseguir un perro con alerta de diabetes podría brindarle una mejor calidad de vida, reducir el estrés y la ansiedad atribuidos a su diabetes y promover un estilo de vida más saludable para usted y permitirle participar. en más actividades físicas. Además de los gastos asociados con el entrenamiento y la compra de un perro con alerta de diabetes, la lista de espera puede estar entre dos y seis meses antes de que un perro esté disponible para usted.

Perros de Servicio para Desorden de Estrés Postraumático: La primer causa del trastorno de estrés postraumático que generalmente le viene a la mente cuando lo escucha es el combate bélico. Este trastorno puede ser causado por una serie de eventos traumáticos que han sucedido en la vida de una persona. Por ejemplo, entrené perros de servicio que iban a ser emparejados con niños pequeños que fueron rescatados del tráfico sexual. A menudo tenían pesadillas, ansiedad social, ataques de pánico, así como desconfianza y miedo a los hombres y muchos más síntomas atribuidos al trastorno de estrés postraumático. Incluso un solo evento puede dejar una cicatriz duradera en la vida de algunas personas, como un robo, un accidente automovilístico, un incendio en una casa o un asalto. Muchas personas presentan síntomas de este trastorno después de un evento traumático, pero si los síntomas duran más de seis meses, a la persona se le diagnostica un trastorno de estrés postraumático y es posible que necesite un perro de servicio para volverse más independiente.

Si padeces este trastorno, reflexiona sobre cómo un perro podría mitigar tu vida. Muchos pacientes necesitan un perro que pueda interrumpir los ataques de pánico, recordarles que tomen medicamentos, crear una barrera al público si se sienten rodeados de una multitud y ayudar a su hipervigilancia despejando las habitaciones oscuras y encendiendo las luces. He descubierto que muchas personas que sufren de trastorno de estrés postraumático generalmente sienten que no tienen el control en la vida y, a menudo, tienen sentimientos de desesperanza. Lo que es tan maravilloso sobre involucrarte en el entrenamiento, especialmente cuando puedes entrenar a tu propio perro desde cero (incluso con ayuda profesional), es que te da una sensación de control y puedes personalizar tu entrenamiento día a día. Muchas personas con las que he trabajado se transforman casi de inmediato una vez que comienza el entrenamiento. Esto se debe a que se fijan metas pequeñas y las alcanzan. En otras palabras, el entrenamiento en sí es terapéutico. El entrenamiento no solo es gratificante, tener un perro, en general, te obligará a levantarte de la cama por la mañana porque necesita que lo cuiden. Darle una responsabilidad a la persona puede empujarla a cuidarse a sí misma. Incluso se puede entrenar a estos perros para que te quiten la manta por la mañana para comenzar el día.

Como se mencionó, los niños pueden ser los manejadores de estos perros ya que el manejo no requiere ninguna habilidad en profundidad. Muchos niños que padecen este trastorno pueden desarrollar ansiedad por separación severa. Tener un mejor amigo peludo a su lado en todo momento puede resultar la mejor opción para darles independencia, especialmente si se enorgullecen del entrenamiento de su nuevo compañero.

Perros Lazarillos: Quizás uno de los más comúnmente pensados cuando se crían perros de servicio, los perros guía o lazarillos actúan como los ojos de una persona que de otra manera no podría moverse por su cuenta debido a la pérdida de la vista. Para la mayoría de las personas, caminar (especialmente en público) se da por sentado. Sin embargo, para las personas con discapacidad visual, es difícil y peligroso. La vista de un perro guía puede mitigar los peligros y las dificultades al guiar a la persona hacia y desde el punto A al punto B mientras maniobra alrededor de los obstáculos.

Por ejemplo, si estuvieras caminando por la calle con tu perro guía y tuvieras que cruzar la calle, tu perro estaría entrenado para detenerse en la acera para avisarte que hay una acera. Después de esto, puedes cruzar la calle de manera segura sin sufrir lesiones, a menos que se acerque un automóvil. Si intentaras continuar hacia la calle mientras se acerca un automóvil, tu perro plantaría firmemente sus pies para comunicarte que no es seguro caminar. A esto se le llama desobediencia inteligente. Los perros seleccionados para este tipo de trabajo deben tener un coeficiente intelectual muy alto. La desobediencia inteligente se define como una acción que realiza un perro que es lo contrario de lo que el guía le pide porque es consciente de que en una situación dada, es inseguro o no aplicable. Otro ejemplo de esto es cuando los policías K9 están buscando narcóticos en una casa y el guía intenta guiar la búsqueda del perro, pero el perro decide seguir su olfato altamente desarrollado en lugar de seguir las instrucciones de su guía. En este caso, él / ella entiende que para ser recompensado, debe seguir el olor hasta la fuente a toda costa, incluso si eso significa desobedecer al manejador.

Debido a las muchas horas y la gran cantidad de trabajo duro que deben dedicar a estos perros, son costosos. No se recomienda que la persona entrene a su propio perro guía para salir en público debido a los posibles peligros que podría enfrentar. Sin embargo, en su propia casa, su perro puede hacer mucho por usted para mitigar su discapacidad. Tales tareas incluyen recuperar artículos (a menudo perdidos o extraviados), guiarlo de una habitación a otra, ayudarlo a levantarse si se ha caído, marcar el 911 en su teléfono de servicio especial para perros, recordarle que debe tomar medicamentos y mucho más. Aun así, se sugiere que busques ayuda tanto para la obediencia como para las etapas iniciales en la parte de las tareas de su entrenamiento, ya que algunas de estas pueden ser complicadas.

Perro de Asistencia Auditiva: ¿Qué es eso? ¿Tienes problemas para oír? Un perro de asistencia auditiva podría mejorar enormemente tu calidad de vida y seguridad. Muchas personas sordas o con problemas de audición tienen estos perros de servicio para alertarlos del peligro o incluso de los ruidos del día a día.

Por ejemplo, es posible que una nueva madre que sea sorda necesite que se le avise cuando su bebé esté llorando. El perro alertará a su dueño dándole un codazo en el brazo o pateándolo y luego lo guiará hacia el ruido, en este caso, un bebé que llora. Otros casos incluyen, pero no se limitan a alarmas, teléfonos que suenan, alguien que llama su nombre, un automóvil en movimiento detrás de ellos, timbres, etc. Es posible entrenar a tu propio perro de asistencia auditiva. Por lo general, los labradores y los Golden retriever son las primeras opciones cuando se trata de perros de asistencia auditiva, pero otras razas también pueden hacer el trabajo. Otros perros populares para esta línea de trabajo incluyen cocker spaniels, caniches miniatura e incluso chihuahuas. Esto a menudo se basa en su temperamento y personalidades. Las mezclas de Terrier también son las mejores opciones y se pueden encontrar en rescates y refugios.

Según lo establecido por la asociación Internacional para Perros de Asistencia, un perro de asistencia auditiva debe estar adiestrado en al menos tres o más sonidos diferentes. Como otros requisitos, también insisten en que el perro responda a su obediencia con prontitud y se comporte profesionalmente en público. Se requiere identificación en forma de tarjeta de identificación y arnés u otro tipo de equipo (como una correa) que esté claramente etiquetado, que demuestre que su perro es un perro de servicio.

Como se mencionó, un perro de asistencia auditiva puede alertar a su dueño de los sonidos y ser entrenado para hacer esto. Sin embargo, incluso si no está entrenado para alertar a ciertos sonidos en público, un perro alerta sigue siendo extremadamente beneficioso para la discapacidad de su guía. El guía puede ser más consciente de su entorno en general al observar a su perro y sus reacciones a lo que sucede a su alrededor. Por ejemplo, si estás sentado en un banco y alguien se acerca detrás de ti, puedes observar a tu perro que se pondrá alerta a esto y te indicará que prestes atención a lo que está detrás de ti. Esto se puede utilizar mejor enseñándole a tu perro hacia qué lado debe mirar cuando estás sentado o incluso dándole una orden a tu perro para que cuide tu espalda.

Durante su proceso de selección, debe evaluar qué perro será más consciente de su entorno. Un perro como un bassett puede no estar tan atento como lo estaría una mezcla de terrier. Además de estar atento, tu perro debe tener un temperamento cariñoso pero independiente. Un perro que depende demasiado de su guía puede que no se concentre en lo que sucede a su alrededor.

Perro Asistente de Movilidad: Existe una amplia variedad de discapacidades relacionadas con la movilidad que requieren un perro de servicio. Las personas con distrofia muscular, lesiones cerebrales, lesiones de la médula espinal, problemas ambulatorios, amputaciones o incluso artritis son candidatos para un perro de servicio, por nombrar algunos. Las personas que tienen que vivir con problemas relacionados con el equilibrio pueden usar un perro que pueda ayudarlas a estabilizarse e incluso permanecer inmóvil para ayudarlas a levantarse cuando se caiga. Si se cae y no puede levantarse, estos perros también pueden ser entrenados para buscar ayuda de alguien en la casa o marcar el 911 en su propio teléfono para perros de servicio especial. Las personas atadas a una silla de ruedas pueden tener dificultades para subir por las rampas para sillas de ruedas (según su condición física). En este caso, su perro estaría entrenado para subir su silla de ruedas por la rampa. Si tiene problemas de artritis debilitante, es posible que necesite ayuda para desvestirse. Más adelante en el libro, le enseñaremos a tu perro a quitarte la chaqueta y los calcetines. Estas técnicas se pueden aplicar a más ropa si es necesario.

Al seleccionar un perro asistente de movilidad, es importante considerar las tareas para las que lo entrenarás. Aparte de lo obvio (perro inteligente y carácter apacible), tu perro debería poder soportar tu peso si lo necesitas. También se debe evaluar la salud de estos perros. La salud de las articulaciones es extremadamente importante. Si tienes una silla de ruedas, debe ser lo suficientemente fuerte para tirar de ella en una rampa si alguna vez lo necesitas. Las razas que se utilizan para este tipo de trabajos suelen ser perros que pastorean o mastines. Estas razas incluyen los Grandes Pirineos, San Bernardo, Pastor de Anatolia, Bull Mastiff, etc.

Estos perros a menudo están equipados con mochilas especiales para perros o arneses con asa para que sus dueños puedan hacer que el perro lleve artículos para ellos y también los usen como apoyo para mantener el equilibrio. Un perro de servicio de movilidad puede mejorar en gran medida la vida de alguien que, de otro modo, teme presentarse en público. Sin un perro de servicio, esta terrible experiencia puede ser físicamente agotadora, emocionalmente dolorosa (preguntarse cómo se verán a la vista del público) y, en general, no vale la pena la energía. Una vez que obtienen el perro de servicio, no solo están más enfocados en el perro y sus necesidades de adiestramiento (necesitan ir en público para mantener su adiestramiento), el dueño a menudo siente que su apariencia pública ha cambiado de manera positiva. Algunas personas con problemas de movilidad no pueden hacer cosas como comprar por sí mismas porque no pueden alcanzar ciertos artículos y puede ser agotador. En este libro, repasaremos algunas tareas que puedes enseñarles a tu perro y que te beneficiarán cuando vayas al supermercado.

Perro de alerta convulsiva: El tema de los perros de alerta convulsiva es controvertido en la comunidad de perros de servicio. La idea es que se pueda entrenar a un perro para que detecte una convulsión antes de que suceda. Aunque hay casos en los que los perros lo han hecho con éxito, no es evidente cómo los perros pueden hacerlo. Algunos especulan que pueden escuchar la frecuencia cardíaca acelerada o que nuestra piel segrega diferentes sustancias químicas antes de la convulsión. Desafortunadamente, debido a que no sabemos cómo pueden detectar las convulsiones, no existe una forma garantizada para entrenar el comportamiento. Mi mejor sugerencia es pasar el mayor tiempo posible con tu perro y, con el tiempo, notará cambios leves en sus patrones de comportamiento que pueden indicarle que está a punto de sufrir una convulsión. Para ello, debes seleccionar un perro que tenga una alta dependencia de su guía. Muchos perros poseen una capacidad innata para predecir estos episodios, y una vez que se establece que un perro tiene esta capacidad, se fomentan y recompensan los comportamientos de alerta. Estos comportamientos incluyen patear, ladrar y / o lamer en exceso. Los perros Golden Retriever parecen ocupar un lugar destacado en la lista de estos perros.

Un ejemplo de alguien que puede necesitar un perro de alerta convulsiva es alguien que sufre de epilepsia. Solo en los Estados Unidos, 2 millones de personas sufren de epilepsia. Los perros de servicio les dan a estas personas la libertad de ser independientes y funcionar en su vida diaria sin temor a sufrir un ataque epiléptico. El adiestramiento para un perro de alerta de convulsiones que sea preciso es de dos años, incluido el adiestramiento básico. Si deseas y / o necesitas un perro antes de ese tiempo, puedes considerar la posibilidad de adquirir y / o adiestrar un perro que responda a las convulsiones.

Perro de Respuesta a Convulsiones: Similar a un perro de alerta de convulsiones, un perro de respuesta a convulsiones ayuda en la seguridad de las personas que sufren convulsiones. A diferencia de un perro de alerta de convulsiones, la responsabilidad de un perro de respuesta a convulsiones no es advertir de una convulsión inminente, sino reaccionar ante una convulsión en curso. Un perro que está entrenado para responder a alguien que experimenta una convulsión puede hacer lo siguiente; buscar ayuda a una persona (ya sea un maestro, padre o amigo), buscar medicamentos para tratar dicha convulsión, alertar al público ladrando (si un amigo o familiar no está cerca) brindar consuelo a su dueño durante el convulsiones, es un botón de emergencia, e incluso puede menguar la caída propia para evitar cualquier traumatismo craneoencefálico. En algunos casos, si la persona está en silla de ruedas, el perro puede llevar la silla de ruedas a un lugar más seguro. Esto requiere que un perro sea lo suficientemente fuerte y resistente para evitar la caída de su dueño. Un perro con problemas de cadera, codo, espalda u otras articulaciones no sería un buen candidato para este tipo de trabajo. Cuando su dueño esté saliendo de una convulsión, puede recuperar su teléfono para pedir ayuda o llevarle medicamentos.

Perro de Apoyo para el Autismo: Dependiendo del individuo, una persona o un niño con el espectro del autismo experimenta una amplia variedad de obstáculos. Algunos de estos incluyen, pero no se limitan a; aislamiento social y / o deambular. Para los niños con espectro autista que tienen problemas para socializar con sus compañeros en la escuela u otros entornos sociales, el perro sirve como un tema de conversación, así como una cara familiar y un compañero. Esto puede darle al niño más independencia y una mejor calidad de vida. Algunos niños que tienen que lidiar con las pruebas del autismo a menudo se desvían y pueden perderse fácilmente. Los perros de apoyo para el autismo están entrenados para mantener a su guía cerca, y si huyen, los perros están entrenados para localizarlos y devolverlos a su cuidador. Debido al hecho de que el perro debe poder concentrarse en su guía en todo momento, debe poseer las cualidades de dependencia y tutela del guía. La tutela no significa que el perro protegerá al guía de forma agresiva. Más bien velará por ellos para que no se lastimen ni se pierdan. Algunas personas con el espectro autista a menudo tienen episodios de comportamiento autodestructivo como; tirarse del pelo, golpearse o morderse o algo peor. Durante estos episodios, se puede entrenar al perro para que detenga a su dueño tocándole los brazos para interrumpir el comportamiento. Otra acción que el perro puede realizar durante este tiempo es acostarse encima de su dueño y, a veces, lamerle la cara para calmarlo proporcionándole una terapia de presión profunda.

También se pueden combinar con niños que padecen un trastorno del espectro alcohólico fetal. Con síntomas similares, los perros están entrenados para interrumpir comportamientos repetitivos. Existe una amplia variedad de razones por las que alguien podría sufrir conductas repetitivas relacionadas con el autismo, el trastorno obsesivo compulsivo o incluso el síndrome de Tourette. Estos comportamientos pueden ser sutiles, como rechinar los dientes, pellizcarse la piel y morderse las uñas, hasta comportamientos mucho más extremos como morderse a sí mismo, golpearse la cabeza contra un objeto y golpearse repetidamente. En conjunto, estos comportamientos se generalizan como autoestimulación. Muchos científicos creen que en los niños con autismo, la autoestimulación proporciona a su sistema nervioso las betaendorfinas que anhela. Afortunadamente, tu perro de servicio puede ser entrenado para que note estos comportamientos e intentará detenerlos. Para hacer esto, deberá presentarle al perro un comportamiento repetitivo más común en usted.

Perros de apoyo emocional y perros de terapia: A diferencia de un perro de servicio, un perro de apoyo emocional ofrece compañía a quienes sufren angustia emocional. Debe tener una carta de un profesional de salud mental con licencia que exprese la necesidad de su perro de apoyo. Esta carta lo protegerá bajo la Ley de la Autoridad de Vivienda Justa y la Ley de Transportistas Aéreos. Es importante ser honesto sobre esto con usted mismo, porque si puede realmente ir en un avión sin su perro, debería hacerlo. Las aerolíneas solo permiten un perro por vuelo. Si compró un boleto para usted y reservó un lugar para su perro de apoyo emocional, esto significa que un perro de servicio debe buscar un vuelo diferente. Este perro de servicio puede servir como perro guía, perro de movilidad u otra discapacidad más grave. La mayoría de las personas con perros de servicio optan por no volar a menos que sea absolutamente necesario, a menudo por razones médicas. Razones como volar para recibir tratamiento médico o cirugía. También es importante tener en cuenta que es necesario mostrar una carta específica de un profesional de la salud mental en todas las aerolíneas.

Aunque los perros de apoyo emocional no están permitidos en público ni están protegidos por la Ley de Estadounidenses con Discapacidades como lo están los perros de servicio, sí tienen una autorización especial para lugares como hoteles, aviones y viviendas que, de otro modo, normalmente no permitirían mascotas. Los propietarios también pueden solicitar ver una carta escrita por un profesional de la salud mental. Es posible que se aplique una tarifa por mascota razonable según el lugar en el que escojas para vivir.

El único propósito de un perro de terapia es ir al hospital, orfanatos y otros establecimientos para alegrar los días de quienes están allí. Viven con una sola persona pero no para mejorar su calidad de vida. Esto significa que no están protegidos por ninguna ley y no tienen acceso al público, aviones o privilegios especiales en lo que respecta a la vivienda. Algunos perros de terapia son comprados por orfanatos o funerarias por los dueños para que animen a los residentes y / o visitantes.

¿Te gusta lo que estás leyendo? ¿Quieres escuchar esto como un audiolibro? ¡Haz clic aquí para obtener este libro GRATIS al unirte a Audible!

https://adbl.co/2Nw1wg1

Capítulo 3
Reglas de la Casa

Aahora que le has dado la bienvenida a tu nuevo cachorro a tu casa, ¡hay algunas reglas básicas que debemos repasar! A lo largo de la historia de la humanidad, los perros y los humanos se han servido unos a otros de muchas formas. En las primeras domesticaciones, los perros se utilizaron como protectores y compañeros de caza. Las tribus aprovecharon inteligentemente la estructura mental de su perro y manipularon sus instintos para hacerlos más útiles. En la raíz de su estructura mental está su comprensión y las pautas innatas de la estructura de la manada. Todos hemos oído hablar de los niveles en los que organizan sus manadas; alfa, beta, omega, etc. ¿Por qué requieren tal estructura? Basado en el hecho probado, una unidad no sobrevivirá sin un sistema de jerarquía. Más específicamente, no sobrevivirá sin un líder. A lo largo de la historia, sin embargo, el hombre ha moldeado esto de una manera que le beneficia. La domesticación creó perros que no buscaban ser líderes. En cambio, ansiaban uno. Desafortunadamente, muchos que no entienden la mentalidad de un perro doméstico (especialmente uno que sería perfecto para el trabajo de un perro de servicio) no logran ser el líder y no dan la estructura que el perro necesita. En este caso, el perro (un perro que de otro modo estaría contento de tener un líder seguro) que aún tiene la mentalidad estructuradora de la manada, verá a su dueño como no apto o igual a él y asumirá el papel de líder por sí mismo. En este punto, el propietario conoce el problema, pero no la causa subyacente. Muchos de estos perros desarrollan ansiedad cuando asumen el papel de líderes porque se sienten incómodos en el puesto. Esto puede provocar un comportamiento agresivo y temeroso. Entonces, ¿cómo te aseguras de mantener el control? Debes tener pautas estrictas y constantes que tu perro debe cumplir. Confía en mí; ¡Te agradecerá e incluso te amará más como su guía y líder de vida!

Muchas veces, con cachorros y perros rescatados, pero sobre todo perros rescatados, el nuevo dueño comete un gran error. Se lo llevarán a casa, y como es nuevo y muchas veces han pasado meses en una perrera, sus dueños se sienten mal por ellos y así les dan todas las comodidades. Están tan emocionados de tener un nuevo cachorro o perro que van a la tienda y compran juguetes para 50 perros, muchas golosinas y luego se van a casa y los dejan en la cama y los muebles, etc. puedes darle a tu perro todo esto, pero la forma en que lo obtiene es muy importante. Piénsalo de esta manera; imagina que creciste y te lo entregaron todo, nunca tuviste que trabajar por dinero, podías salir a donde quisieras sin pedir permiso, y nunca tuviste que hacer ningún trabajo en la casa. ¿Cómo verías el dinero? ¿Lo valorarías o lo verías como un derecho y no como un privilegio? ¿Cómo crees que verías a tus padres? ¿Los verías como una autoridad respetada y amada, o los verías como iguales sin poder sobre ti? Lo más probable es que, en este escenario, si alguna vez intentaran reprenderte, habría un arrebato. A esto se le llama malcriar, y no estoy seguro de cuándo se convirtió en una palabra positiva, pero crea malas conductas tanto en los niños como en los perros.

Veamos el otro lado del espectro; Siempre has trabajado por lo que quieres, tus padres son cariñosos pero firmes, debes pedir permiso antes de hacer lo que te apetezca, y haces los quehaceres de la casa por tu mesada. En este escenario, tus padres han dejado en claro que tienen el control y mantienen todo lo que consideras valioso. Debes trabajar para que te den dinero o pedirles permiso para hacer algo que quieras. Lo mismo ocurre con los perros. Como los niños, ellos quieren cosas, y si pueden conseguirlas cuando quieran, entonces tú no eres importante para sus necesidades y deseos. Digamos que dejas a tu perro en tus muebles, está bien, y no te estoy diciendo que no puedas. Sin embargo, la forma en que consiguen las cosas es importante. Para entender esto, debes ver los muebles como una elevación, una elevación en la que te sientas libremente sin pedir permiso. En la mente de un perro, la elevación es poder y rango. Si son capaces de subir a tu nivel de rango cuando lo deseen, ¿de verdad crees que se tomarán en serio tus órdenes cuando prefieran investigar un olor? No, te verán a ti como un igual al igual que un niño mimado ve a sus padres como iguales porque se les dio la capacidad de hacer lo que quieran cuando quieran. Algunos perros incluso lo llevan al siguiente nivel para no dejar que nadie se suba a los muebles cuando están en ellos. Lo crea o no, todas estas reglas de la casa se aplicarán cuando esté en público. Lo mismo que un niño que sufre un colapso total porque le dijeron que no en público. Un perro que te ve como un igual y no como un líder primero ignorará los comandos viéndolos como sugerencias.

Dicho esto, esta es la regla número uno: NO HAY muebles durante la primera semana. Después de la primera semana, solo se les permite subir a los muebles cuando lo piden y / o los invitan a subir. La mayoría de los perros preguntarán colocando su barbilla en el asiento donde quieren trepar. Digo sin muebles durante la primera semana porque queremos dejar muy claro al principio quién está a cargo y para empezar con el pie derecho. Esto hará que tus sesiones de entrenamiento sean más fluidas y tendrás que trabajar menos duro en el futuro. Está bien si se sube al sofá si sales de la habitación SIEMPRE Y CUANDO se baje cuando vuelvas a entrar.

Ahora, si en la segunda semana le permite subir a los muebles cuando lo inviten y decide empezar a subir cuando le apetezca, corrígelo (sugiero dejarle una correa corta para que se levante del sofá). Si continúa empujando este límite, regrésalo a la semana uno, donde no tienen tiempo en los muebles. Esta regla es especialmente importante si planeas que tu perro duerma contigo en la cama. La cama es como el trono del rey o la reina para un perro. ÚNICAMENTE debe ser invitado, especialmente si lo necesitas para trabajar en ese lugar. Si este trabajo incluye un comportamiento de conexión a tierra (también conocido como terapia de presión profunda) y le preocupa no poder invitarlo a entrar durante un ataque de pánico, no se preocupe. Un perro puede aprender a volverse intelectualmente desobediente * en esta situación entenderá que solo se le permite subir si es invitado o necesario.

Regla número dos: No hay "libre alimentación". Tradicionalmente, la alimentación libre se refiere al acto de dejar comida para que su perro la coma cuando lo desee. Sin embargo, en este libro, también significa alimentar golosinas sin ningún motivo. Parece simple, pero profundicemos un poco más. Los perros no solo ven la comida como moneda de cambio durante el entrenamiento, sino que obviamente también la necesitan para sobrevivir, al igual que tú y yo. Por lo tanto, tiene sentido que si mantenemos lo que es importante para ellos, seamos importantes. Cuanto más deben mirarnos para obtener lo que desean, más deseables nos volvemos para ellos. Incluso sugeriría no tener tazones de comida para que toda la comida venga de ti y del entrenamiento.

Un perro que pueda comer cuando quiera no valorará la comida. "¿Por qué debería trabajar para eso cuando lo obtengo todas las mañanas y noches gratis todos los días?" - Tu perro. Si tu perro no valora la comida, tendrá poco o ningún incentivo para trabajar para ti. No mimes a tu perro si quieres que sea un animal de servicio confiable.

Más adelante en este libro, te pediré que realices al menos tres sesiones de 15 minutos cada día. Por ejemplo, si tu perro come tres tazas al día, lo dividirás en tres partes y tendrá una taza de comida para trabajar por sesión, (más recompensas del premio mayor, pero hablaremos de eso más adelante en el libro). Hacer esto enviará un mensaje simple a tu perro de que debe ganar su dinero (comida), y si tu haces que el trabajo sea divertido para tu perro entonces estaremos en una relación hermosa y saludable. Esto también asegurará que tu perro tenga hambre y esté dispuesto a trabajar por su comida. Me encantan las costillas, pero si como una parrilla entera, no podrías hacer que coma un bocado más. Lo mismo ocurre con los perros; si tienen hambre, estarán dispuestos a trabajar por la comida. Si ya desayunaron, probablemente la comida no les resulte atractiva y no querrán trabajar por ella. De hecho, los días en que descansas del entrenamiento, tu perro debe ayunar. No te preocupes, siempre que se alimenten regularmente a través del entrenamiento un día a la semana, ¡puede ser realmente saludable para su sistema digestivo!

Regla número tres: ¡Recoge sus juguetes! Está bien si eres la persona que saliera y le comprara los 50 juguetes que necesitaba. Sin embargo, así como es importante cómo se sube a los muebles y cómo obtiene su comida, también es importante cómo obtiene sus juguetes.

En este capítulo, estaremos hablando de construir una base sólida para la relación en crecimiento con tu perro. Los juguetes son una forma maravillosa de vinculación, pero esta forma de vinculación puede ser menos valiosa para el perro si puede levantar, masticar y jugar con sus juguetes a voluntad. El tiempo de juego debe tener un comienzo y un final decididos solo por ti. Al igual que el entrenamiento, el tiempo de juego debe ser breve y divertido. El juego de tira y afloja es un gran ejemplo de un juego de construcción de vínculos. Sin embargo, si recogen un juguete y te lo traen y empiezas a jugar... ¿no te acaban de mandar? ¡Ahora estás siendo entrenado por tu perro! Tener los juguetes de tu perro para que lo recoja cuando quiera es muy parecido a lo que sucede con los niños con muchos juguetes para jugar. Empiezan a perder su valor. Pero cuando mamá o papá sacan un juguete especial con el que solo pueden jugar cuando lo sacan mamá o papá, ese juguete se convierte en el juguete más valioso incluso con otros 49 juguetes a su alrededor.

Tenga un baúl de juguetes o una caja en la que pueda guardar todos sus juguetes y saque un juguete para jugar todos los días varias veces al día. Por ejemplo, quieres jugar al tira y afloja, sacar el juguete y decirle a tu perro: "¿Quieres jugar?" o "¡Hora de jugar!" o cualquier frase que desees para indicarle a tu perro el comienzo del juego. Juega con él durante 15-20 minutos y luego toma el juguete y guárdalo. También necesitarás una frase para señalar el final del tiempo de juego, como "Fin del juego". O "No más". Mientras juegas al tira y afloja, no creas el mito de que nunca debes dejar que el perro gane. ¿Quieres jugar a un juego en el que nunca ganas? Probablemente no. No le harás pensar que tiene una clasificación más alta que tú, siempre y cuando haya seguido correctamente todas estas reglas. En todo caso, aumentará su confianza y te verá cómo alguien que lo fortaleció.

Regla número cuatro: ¡Permanezcan juntos! Cuanto más tiempo pase tu perro contigo, mejor, especialmente mientras se están conociendo. Aunque todavía no puedes llevar a tu perro de servicio a todas partes, es importante que mientras esté en casa esté contigo tanto como sea posible. Esto asegurará que conozcan todos sus patrones habituales y sabrán exactamente cuándo algo anda mal. Como he dicho antes, los perros se basan en la rutina y el orden de los eventos para decidir qué es lo que vale la pena recordar. Si estás con tu perro todo el tiempo, esto te dará una mejor imagen de lo que es regular e irregular en su comportamiento. Más adelante en el libro, discutiremos el análisis funcional * en lo que respecta al comportamiento de tu perro. Sin embargo, muchas personas no piensan en cómo los perros usan la misma técnica con nosotros, y por eso es una herramienta eficaz a la hora de modificar el comportamiento de un perro porque procesan la información de la misma manera. Cuando un perro ve el comportamiento y lo que lo provoca, como que alguien con TEPT tenga un ataque de pánico (comportamiento) cuando se encuentra en un entorno donde la gente está abarrotada (lo que lo provoca), entonces responde sin que se le diga que lo haga. para detener el comportamiento. Es posible que al perro se le deba decir qué hacer al principio, pero pronto se dará cuenta cuando vea indicios consistentes de cuándo va a ocurrir el ataque de pánico. Si el perro no está lo suficientemente cerca de su pareja, no tendrá una referencia clara en blanco y negro para actuar.

Esto también nos lleva al tema del trabajo frente a la tarea. Hablaremos más sobre esto en el capítulo final de este libro, pero me gustaría repasar la diferencia entre los dos, para que pueda pensar en más ejemplos por su cuenta que se apliquen a su discapacidad específica y la importancia del número de regla. cuatro para ti.

La labor: Un comportamiento o acción que un perro exhibe por sí solo para alertar a su dueño de algo.

Algunos perros están entrenados para recordarles a sus dueños que deben tomar los medicamentos en un momento determinado. Los perros de asistencia auditiva notificarán a su pareja que hay alguien en la puerta o que el teléfono está sonando. Aquí es también donde entra en juego el término desobediencia inteligente. Un ejemplo de esto es, lo que mencionamos anteriormente, un perro no está permitido en los muebles, pero si su dueño tiene un ataque de pánico, entiende que se prioriza por encima de las reglas de la casa como excepción. Solo entonces se les permite en la cama. En primer lugar, es posible que haya que decirle al perro qué hacer en la situación, pero comprenderá rápidamente su función y realizará su deber sin guía. Parte del trabajo de su perro consiste en centrarse en usted. El tiempo juntos solidifica este deber, junto con el entrenamiento y los ejercicios de vinculación. ¡Más sobre eso en el próximo capítulo!

La tarea: Un comportamiento o acción que realiza un perro en base a la orden dada por su dueño para mitigar su Discapacidad.

Un ejemplo de esto es alguien en silla de ruedas que ha dejado caer su teléfono y no puede volver a levantarlo. A continuación, pueden pedirle a su perro que "lo coja" o que "coja el teléfono", y el perro lo cogerá con cuidado y se lo entregará. ¡Tómate un momento para pensar en las tareas que te gustaría enseñarle a tu perro! Con suerte, cubriremos al menos uno que necesitará, incluido el mencionado en este ejemplo anterior.

Regla número cinco: Sujete a su perro con correa. Al menos durante la primera semana, debes llevar correa a tu perro en todo momento. Esto no solo ayudará en la regla de permanecer unidos, sino que también le permitirá eliminar los comportamientos no deseados de raíz. Comportamientos como masticar, tirarse a la basura, saltar sobre muebles y saltar sobre otras personas, solo por nombrar algunos. Corregir los comportamientos no deseados es la mitad de la batalla. También es importante recompensar a su perro por tomar la decisión correcta en un caso en el que tuvo la oportunidad de comportarse mal y decidió no hacerlo. Lo que nos lleva a la regla dentro de esta regla; mantén golosinas contigo o en áreas accesibles alrededor de tu casa para momentos como este. Al igual que los niños, los perros siempre están mirando y aprendiendo. ¡No pierda la oportunidad de recompensar esos comportamientos deseados!

Tu perro necesitará acostumbrarse a la correa como si fuera parte de su cuerpo porque la usará mucho durante su entrenamiento. En un momento durante la prueba de acceso público, deberá soltar la correa y volver a levantarla. El perro debe ser consciente de que la correa se ha caído y permanecer cerca de usted. Este es un buen momento para practicar la insensibilización* de su perro a esta acción para que no signifique nada para ellos cuando la practique en público.

Finalmente, **Regla número seis:** Umbrales. Otra regla que le servirá durante su prueba de acceso público es cómo usted y su perro atraviesan los umbrales. Esto será más fácil si se combina con la regla número cinco. Cuando atraviesa una puerta, es importante que pase primero y luego su perro lo siga. Esto, por supuesto, tiene la excepción si su perro necesita tirar de su silla de ruedas a través de la puerta si es necesario. Cuando él / ella no esté atado y usted esté caminando fuera de la casa, primero debe atravesar la puerta y luego "autorizar" a su perro para que cruce el umbral. Si su perro está en una jaula (ya sea en la casa o en el automóvil), tampoco debe salir de la jaula al abrir la puerta. Para contrarrestar esto, puede abrir la puerta de la caja lentamente y si él / ella intenta empujar, cierre la puerta rápidamente. La idea es similar a caminar con una correa (que abordaremos en un capítulo posterior). Su perro tiene una agenda egoísta (en este caso, salir de la jaula a su tiempo), y es su responsabilidad redirigir su atención hacia usted. Si él / ella está enfocado en salir de la jaula, no está enfocado en ti. Es posible que tenga que volver a cerrar la puerta varias veces antes de que él / ella esté esperando en silencio su comando "libre". Este cambio de enfoque nos lleva a nuestro próximo capítulo.

¿Te gusta lo que estás leyendo? ¿Quieres escuchar esto como un audiolibro? ¡Haz clic aquí para obtener este libro GRATIS al unirte a Audible!

https://adbl.co/2Nw1wg1

CAPITULO 4
Compromiso con el Entrenamiento

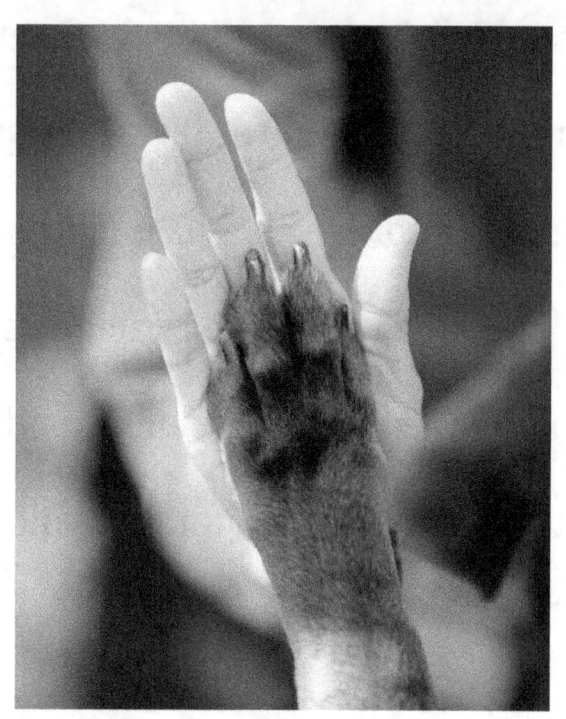

Cuando la mayoría de la gente piensa en entrenar a su perro, piensa en lo obvio: sentarse, pararse y venir. Muchas personas asumen que si les enseñan a sus perros a sentarse, se sentarán cuando se les diga, y si no se sentaron, o son tercos o no los escucharon. Si bien hay perros obstinados (que, por cierto, son difíciles de entrenar pero que son perros muy obedientes una vez entrenados adecuadamente), muchos perros simplemente no están interesados en lo que les estás preguntando y, en una escala mayor, no lo están. interesado en ti. Los perros son animales vivos que respiran con deseos y un cerebro que opera con libre albedrío, como tú y yo. No son robots que pueda programar una vez y luego esperar que mantengan cualquier nivel de entrenamiento que no practique habitualmente. Como nosotros, requieren estimulación mental recurrente, ¡y debería ser divertido! Si no es divertido, perdemos interés. Si a su perro se le permite jugar solo, entonces él / ella puede ganar independencia lejos de usted, y usted no tendrá el nivel de concentración requerido por un perro de servicio. Actividades como correr con una pelota, nadar, masticar un hueso o cualquier cosa que sea gratificante puede quitar el vínculo y el compromiso que está tratando de construir.

Para reiterar, su perro de servicio deberá estar completamente concentrado en usted en público; esto es parte de su trabajo. Las distracciones, incluidas las personas que llaman su atención, otros perros, ardillas, ciertos olores, etc., podrían comprometer el deber de su perro de mitigar su discapacidad. Imagínese si su pierna protésica se desprendiera y saliera corriendo para investigar otra pierna. Te caerías.

Entonces, ¿cómo le demuestras valor a tu perro, haciéndote más interesante e importante que esa persona desagradable que está silbando y haciendo clic en tu perro para llamar su atención? ¡Entrenamiento de compromiso! Estos juegos que estoy a punto de compartir contigo le enseñarán a tu perro a concentrarse, lo que te será útil cuando comiences a enseñarle su obediencia y sus tareas. Discutiremos esto con más profundidad más adelante en este capítulo. ¡Por ahora, tenemos que cargar la marca *!

Los perros ven el mundo como hojear un libro de imágenes, mientras que los humanos ven la vida más como una película. Los aspectos más destacados del día del perro se almacenan en estos álbumes de fotos, para que pueda recordarlos. Cada vez que marcamos un comportamiento con una recompensa o una reprimenda, el perro "toma una fotografía" de ese momento y la guarda en su libro mental. Podemos aprovechar este proceso de pensamiento creando un ruido (como un clicker) o diciendo una palabra que se asociará positiva o negativamente. Una gran regla general aquí es no decir nunca la palabra que marca a menos que planee pagarle a su perro. ¿Qué le parecería que su jefe le dijera que tiene dinero para usted y luego le dé un máximo de cinco?

Cargando la marca: Como se dijo, una marca puede tener la forma de un clicker, un silbido, un cloqueo o una palabra. Personalmente, uso la palabra "¡Sí!" pero puedes usar lo que quieras. A los efectos de explicar, utilizaré *clic*.

- Proporcione 1/3 de la ingesta diaria de su perro. Si planeas hacer más de tres sesiones ese día, divídelo adecuadamente (5 sesiones 1/5, 6 sesiones 1/6, etc.) ¡Queremos que tu perro tenga hambre y esté dispuesto a concentrarse en lo que tienes!

- ¡Tenga listo su clicker o aclare su garganta!

- Lleve a su perro con una correa a un área tranquila con mínima o ninguna distracción. Sugiero una habitación en tu casa o en el patio trasero para empezar. Más adelante agregaremos distracciones, pero por ahora, hagámoslo más fácil.

- Comience la sesión diciendo una frase para indicarle a su perro que ha comenzado una sesión de entrenamiento. "Vamos a trabajar" es algo común, pero puede ser cualquier cosa que desee.

- Tenlo frente a ti con golosinas en tu bolsillo (sugiero comprar una bolsa de golosinas para hacer tu vida más fácil).

- Haga clic y recompense. Repetir. De nuevo. Hazlo un poco más. Pronto, la golosina podrá llegar en cualquier período de tiempo después del clic; sin embargo, por ahora, debemos dejarle muy claro a su perro que la marca (clic) = la recompensa. Imagínese el clic como el obturador de la cámara del cerebro de su perro que recopila los aspectos más destacados / imágenes de esa sesión. Para hacer esta conexión, la comida DEBE venir simultáneamente con la marca.

- El objetivo final de esta práctica debe ser que su perro gire la cabeza cada vez que escuche su marca.

- Esto puede tardar unas 6 sesiones. Si su perro no está moviendo la cabeza CONSISTENTEMENTE cuando oye la marca, no continúe.

- SIEMPRE termine con una buena nota. Premie el último clic con un premio mayor (una mayor cantidad de comida o comida con un valor más alto para su perro individual, como rosbif, queso, salchichas, etc.)

- Déjele en claro a su perro que la sesión ha terminado diciendo una frase final. Mucha gente dice "Todo listo" o "Terminado".

Reconocimiento del nombre: En este capítulo, discutiremos muchas formas diferentes de enseñarle a su perro cómo aprender y enfocarse en usted. Este es un gran punto de partida. El nombre de su perro debe ser como una campana para que escuche más instrucciones. Demasiadas personas lo dicen sin quererlo, lo que hace que su nombre sea un ruido de fondo. Si el nombre de su perro no significa nada para ellos, lo más probable es que no reaccione cuando sea más importante. De la misma manera, muchas personas hacen una asociación negativa con el nombre de su perro al usarlo para reprenderlos. Esto crea evitación cuando escuchan su nombre. Para causar una asociación positiva con el nombre de su perro, debemos destacarlo. ¿Como hacemos eso? ¡Lo adivinaste! ¡Marcando su nombre!

- Comience de la misma manera que lo hizo con la carga de la marca y manténgala atado. Utilice la misma área que utilizó en la sesión anterior. (Cada vez que agregue algo nuevo, debe emparejarlo con algo antiguo).

- Di tu frase de comienzo.

- A continuación, di el nombre de tu perro y espera a que te mire. NO repitas el nombre de tu perro, esto solo hará que tu marcador sea menos claro y se volverá más insensible a su nombre.

- Tan pronto como te mire, haz clic y recompensa. En este punto, su perro sabe que el marcador equivale a la recompensa. Esto significa que ahora puede tomarse su tiempo para llevarle la golosina a la boca. Pero el marcador DEBE venir simultáneamente con el comportamiento deseado.

- Si no te mira de inmediato, da algunos pasos hacia atrás o abre su correa ligeramente para llamar su atención.

- Use la frase que eligió para cerrar la sesión una vez que se le hayan acabado las golosinas.

- Si después de algunas sesiones todavía no responden inmediatamente a su nombre, use cualquier técnica (trotar hacia atrás o hacer estallar su correa) que funcionó previamente al unísono con su nombre. Por ejemplo, si abrir la correa le funcionó, puede abrir la correa y decir su nombre. Como regla general al probar la progresión, tres viejos y luego uno nuevo. Tres veces apareciendo al unísono con su nombre, una sin él. Haga esto varias veces hasta que sea consistente.

- ¡Termine con un gran premio!

- Señale el final con su frase de cierre.

Perseguir comida/perseguir al líder: Ha llegado el momento de que empiecen a participar realmente! Este ejercicio ayudará a desarrollar sus habilidades para atraer. Más adelante en este libro, hablaremos más sobre la atracción cuando analicemos la obediencia. Por ahora, todo lo que necesitas saber es que la habilidad no es tan natural como crees. ¡Este ejercicio también les dejará en claro que siempre serán recompensados mientras sigan intentándolo! Que dulce.

- Comience la sesión en un entorno sin distracciones. Él / ella debe estar con correa.

- Señale el inicio de su sesión con la frase elegida.

- Sostenga la comida en su mano con el puño cerrado para que no puedan arrebatárselo.

- Empiece a apartar la mano de la cara del perro retrocediendo y atrayéndolo con usted.

- Después de unos pocos pasos, haz clic y abre tu mano, dándole el premio.

- Continúe con esto pero cree rompecabezas cada vez más difíciles. Por ejemplo, al principio, puede hacer que sigan su mano durante un largo período de tiempo.

- Aumente la dificultad aún más haciendo que sigan su mano hacia objetos como cajas o escaleras de mano. Recompénselos por sus esfuerzos y los éxitos del premio mayor.

- Otra dificultad, lo creas o no, es dejar que sigan tu mano en un círculo para que giren. Tómatelo con calma y recompensa el esfuerzo (medias vueltas).

- Diviértete y sé creativo con esto. Vea cuánto tiempo intentará su perro obtener la comida de usted y recompense justo antes de eso. Cree la duración en incrementos, generando así confianza y confirmando que los está construyendo.

- ¡Termine la sesión con una buena nota, premio gordo y dé su frase final!

Juego de Enfoque en el Objetivo: ¡Este será un juego divertido y muy importante para tu perro de servicio y para ti! La focalización lo ayudará más adelante en este libro cuando comencemos a enseñar tareas, ya que es la piedra angular de la mayoría de sus fundamentos. Una vez que tengas a tu cachorro siguiendo tu mano, esto será pan comido.

- Comienza tu sesión como cualquier otra.

- Con una mano vacía, extiéndase frente a su perro a unas 6-12 pulgadas de su cara, para que quede claro si muestra la atención de la mano.

- Una vez que muestren algún tipo de atención a su mano, haga clic y recompense.

- Luego pida más pero no recompense el comportamiento previamente aceptado. Si ha hecho el resto de los juegos correctamente, no debe darse por vencido, sino esforzarse más.

- Espere a que toque la mano, haga clic y gane la progresión positiva.

- Si tiene dificultades con los pasos cuatro y / o cinco, intente colocar un trozo de comida debajo de su pulgar para incitar a su perro a investigar. Una vez que lo hagan, haga clic y suelte la comida oculta de su mano. Repita esto tres veces, y luego en la cuarta repetición, no hay comida escondida, pero aún reciben un clic y son recompensados con su otra mano. Esta solución de problemas no suele tardar mucho.

- Profundicemos en los premios grandes. Hasta ahora, ha establecido cuál es el premio mayor para su perro. Afortunadamente, a los perros les gusta jugar y les resulta emocionante y divertido. Una vez que su perro toque su mano constantemente, déjelo que lo haga unas cuantas veces antes de su recompensa. Es la misma razón por la que la gente va a las máquinas tragamonedas. Están felices de tirar de esa palanca todo el día, gastando una fortuna por la posibilidad de ganar el premio gordo. Varía las veces que lo haces. En otras palabras, no lo hagas en la cuarta repetición cada vez; mezclarlos creará ese factor emocionante para ellos. Esto también lo ayudará en el futuro cuando comencemos a dejar que se le premie por todo.

- Recuerde detenerse cuando quieran continuar. De esta manera, los dejas con ganas de más. Haciéndolos aún más ansiosos por la próxima sesión.

Agregando distracciones: Ahora que su perro se ha involucrado con éxito con usted, podemos agregar pequeñas distracciones. Considere lo que se encontrará en público e incorpórelo al entorno en el que ha estado entrenando constantemente. Por ejemplo, pídale a un amigo o familiar que imite los comportamientos que el público puede hacer, como aplaudir, silbar, chasquear la lengua, etc. Con un chaleco para perros de servicio, muchas personas no se darán cuenta de la importancia que tiene la atención de su perro hacia usted. Todo lo que puede hacer es aceptarlo y prepararse lo mejor que pueda.

- Comience como lo haría para cualquier sesión y con correa.

- Comience sin distracciones y diga el nombre de su perro, haga clic y recompense.

- A continuación, crea la distracción. Haz que un amigo o familiar aplauda una vez, y cuando el perro ponga su atención en ellos, di su nombre y cuando te miren, haz clic y gana el progreso.

- No se preocupe si no miran de inmediato; puede llevar tiempo. Solo recuerda no repetirte.

- Una vez que estén redirigiendo constantemente su atención del aplauso hacia ti, cámbialo y haz que tu ayudante silbe o cliquee.

- Una gran distracción para los perros es cuando las personas se agachan a su nivel de manera atractiva. Lo más probable es que se encuentre con algunas personas que sientan que está bien hacerle esto a un perro extraño, y mucho menos a un perro de servicio que trabaja.

- Da pequeños pasos en este entorno y luego, después de algunas sesiones de éxito constante, pruebe esto en una caminata. ¡La mayor distracción que tienen los perros es su nariz!

Juegos de Construcción de Confianza: Otra forma de crear un vínculo con tu perro es ser su líder. Me refiero a esto en el sentido de que los construyes. Cuantas más respuestas correctas tengas y más relacionen ellos con su confianza alcanzando nuevos niveles, más apegados se volverán a ti. Una vez me asignaron a un labrador chocolatero llamado Drake, que al principio era muy tímido. Mi pensamiento inmediato fue que a Drake no le iría bien en un entorno público. No podía caminar sin escabullirse, estaba bajo de peso debido al estrés, y si le dabas una orden, se congelaba y se paralizaba de miedo, todas las cosas que te advierto al seleccionar un perro de servicio. (No tome esta historia como una excepción al adorable perro petrificado que vio en el refugio. Drake era un caso especial y necesitaba ayuda profesional).

Decidí en contra de mi mejor juicio que Drake merecía más. Incluso si lo hubiéramos colocado en un hogar de mascotas, su calidad de vida sería mala. Así que le di un período de prueba de dos semanas. Si no veía ninguna mejora en el transcurso de dos semanas, sería eliminado como mascota. Comencé a pasar tiempo caminando con él y atrayéndolo a que obedeciera sin darle ninguna orden. Estos fueron simples ejercicios de participación. Estaba más feliz pero todavía dudaba de sí mismo. Se daría por vencido fácilmente cuando seguía la comida en mi mano y regresaría a su jaula para aislarse. Poco a poco, lo fui recompensando por tocar mi mano y luego empujar mi mano. Cuando él se sintiera cómodo con eso, yo daría un paso atrás, y si me seguía, ¡se llevaría un premio gordo! A Drake le estaba empezando a gustar este juego. ¡Él fue bueno en eso! Comenzó a solicitar jugar el juego en el que era hábil. Lo pensaba constantemente y su estado de ánimo mejoraba cuando jugaba a estos juegos de perseguir comida. Su cola estaba levantada; rebotaba y, en general, era un perro notablemente diferente y más feliz. Decidí convertir los comandos en algo divertido para y de lo que él pudiera estar orgulloso.

Para borrar su estigma sobre las órdenes, cogí una escoba larga de madera y la coloqué en el suelo. Lo engañé (su juego favorito) sobre la escoba, y al principio dudó, pero luego dio el salto. ¡Había alcanzado una nueva marca personal! Le dejé hacer esto un par de veces mientras veía crecer el orgullo dentro de él. Una vez que fue realmente bueno en eso, agregué la palabra "saltar". ¡Drake ahora estaba aprendiendo que la obediencia puede ser divertida! Comencé a levantar la escoba ligeramente en ángulo para que él pudiera elegir la altura que quisiera, pero mantuve la comida con la que lo estaba atrayendo cerca de mí (y la parte más alta del salto de la escoba). Comenzó a tener más confianza cuando decidió acercarse a la golosina para recibirla más rápido. ¡Ahora estaba saltando hasta las rodillas! Luego levanté la escoba de nuevo para que solo pudiera saltar a la altura de las rodillas. Este cambio visual lo intimidó por un momento, pero con palabras de aliento, dio el salto y felizmente tomó el premio. En poco tiempo, la altura de la rodilla no era nada para él. Ahora era el momento de ponerse serio. Levanté la escoba tan levemente cada vez que la saltaba hasta que llegó a un punto en el que comenzó a dudar de sí mismo nuevamente. Tenía razón al dudar de sí mismo; ¿Cómo se suponía que iba a saltar una escoba por encima del nivel de sus ojos en un punto muerto? Drake sabía una cosa, no lo había defraudado ni una vez, y siempre lo había logrado. Estudió la altura durante unos veinte segundos y luego dio un literal acto de fe. Rápidamente bajé la escoba mientras él saltaba sobre ella, asegurándome de que la despejara por completo. Si hubiera intentado saltar esa altura desde donde estaba, habría fallado. ¡Sin embargo, Drake aterrizó en el otro lado y ni siquiera se preocupó por recibir su recompensa! Explotó de emoción y comenzó a girar en círculos, meneando la cola y lamiendo. Le ofrecí su obsequio, y él lo tomó y luego continuó regocijándose. La próxima vez que lo probamos a ese nivel, no dudó en absoluto, y volví a bajar la escoba.

Después de este ejercicio y muchas lecciones de obediencia, ¡fue mi mejor perro de servicio! Podía llevarlo a cualquier lugar en público, su atención estaba completamente en mí, y su cabeza y cola siempre estaban en alto. Ahora hacía cabriolas cuando caminaba en lugar de escabullirse. Pasó de esconderse en su jaula para aislarse a seguirme a todas partes y a cualquier lugar sin correa, afuera e interesado en todo lo que estaba haciendo. ¡Estaba constantemente buscando formas en las que podría involucrarse porque todo lo que hacíamos juntos lo fortalecía! Mi objetivo para contar esta historia es, una vez más, no instalo a elegir un perro que necesite rehabilitación porque la verdad es que no tengo la historia de Drake sobre por qué vino a mí como un caparazón de sí mismo, y podría haber muchas razones. Es posible que algunos perros no se recuperen como lo hizo Drake, y esto podría generar mucha frustración durante su entrenamiento. Mi punto al contarles esta historia es ilustrar el poder de la formación de confianza y el entrenamiento de participación y el impacto que puede tener en la relación entre usted y su perro.

¿Crees que Drake se había encontrado alguna vez con alguien que pasaba ese tiempo con él y hacía esos ejercicios aparentemente extraños con él? No, lo más probable es que no. Sin embargo, se volvió adicto a él. No hizo lo que estábamos haciendo, "sí, mamá me pide que haga cosas raras como saltar sobre escobas, ¡pero soy genial en eso!" la verdad es que cuanto más extrañas y peculiares le muestras a tu perro, más seguro se vuelve. Por ejemplo, no hay ninguna razón real por la que su perro deba mantener el equilibrio en una boca de incendios, eso es extraño, pero lo preparará para cosas extrañas en la vida. ¡Cuanto más fuera de lo común sea la vida de su perro, más experiencias nuevas no lo detendrán!

Una excelente manera de comenzar con esto es mediante el uso de equipos de agilidad. La agilidad es un gran deporte de equipo para que usted y su perro lo practiquen juntos. Si no puede realizar cursos de agilidad por completo, basta con utilizar el equipo. Los obstáculos como el marco en A, el balancín, la pasarela y, por supuesto, los saltos son una forma fantástica de presentarle a tu perro los comportamientos extraños. Todos estos requieren equilibrio y concentración, por lo que el éxito con ellos será gratificante para su perro y fortalecerá su confianza.

El sube y baja: El sube y baja es una manera fantástica de desarrollar la confianza de su perro. El equilibrio mezclado con una superficie en movimiento representa un desafío para la mayoría de los perros y, por lo tanto, crea la oportunidad perfecta para aumentar su autoestima.

- Comience con su frase inicial para que su perro sepa que es hora de resolver un problema y aprender.

- Atraiga a su perro con comida a la parte baja del sube y baja. (La parte que está en el suelo)

- Haga clic y recompense tan pronto como lo toquen.

- Anímelo a trepar más hasta que tengan las cuatro patas sobre el obstáculo. ¡Premio grande!

- A continuación, recompénselo por los pasos (grandes o pequeños) hacia la cima. Deténgase en el medio y llévelo al premio gordo.

- Cuando se sienta notablemente cómodo a esta altura, mueva la tabla con la mano de manera controlada y sutil. No lo mueva demasiado rápido ni demasiado hacia abajo.

- Si su perro salta, simplemente haga que vuelva a subir.

- Solo haz que se acostumbre a estar en el medio y hacer que la tabla se mueva.

- Una vez que se sienta cómodo con esto, mueva lentamente la tabla hacia abajo y observe la reacción de su perro a esto.

- Usa tu criterio para saber cuándo debes detenerte, haz clic y recompénsalo por permanecer ahí.

- Tu objetivo es mover la tabla hasta el suelo lentamente y aumentar gradualmente la velocidad.

- Una vez que su perro se sienta cómodo con una velocidad relativamente rápida, llévelo al otro lado de la tabla para que sea él quien la empuje hacia abajo.

- Atráigalo lentamente y recompénselo tan pronto como mueva el tablero.

- ¡Pronto su perro estará corriendo por el sube y baja!

Por favor no avance más en el libro hasta que pueda captar con seguridad la atención de su perro y mantenerla. Mantenga un juego por sesión, pero haga algunos juegos diferentes al día. Esto lo mantendrá emocionante para tu cachorro.

¿Te gusta lo que estás leyendo? ¿Quieres escuchar esto como un audiolibro? ¡Haz clic aquí para obtener este libro GRATIS al unirte a Audible!

https://adbl.co/2Nw1wg1

Capítulo 5
Obediencia

Felicidades por estar un paso más cerca de este emocionante viaje con tu perro de servicio. Antes de comenzar con su primer comando, analicemos las pautas generales para enseñar y mantener estas lecciones.

- Nunca diga su palabra de marcador (o haga clic en su clicker) sin seguirla con una recompensa.

- No dé una orden que no pueda reforzar.

- Cuando enseñe algo nuevo, combínelo con algo antiguo.

- No avances hasta que tu perro tenga cien por ciento claro como el cristal el paso anterior.

- Trate de no repetirse; sólo confunde al perro y hace que se desconecte de ti.

- Cuando le dé su marcador, su perro debe permanecer en posición para recibir la recompensa.

- Mantenga las sesiones cortas (10-15 minutos).

- En caso de duda, vuelva al último paso en el que se destacó su perro.

- Si se siente frustrado, termine con una buena nota y vuelva a leer la lección más tarde. Estar frustrado solo deteriorará la comunicación entre usted y su perro.

Usted y su perro de servicio en entrenamiento han realizado un viaje muy gratificante y sin estrés hasta ahora cuando se trata de entrenamiento de compromiso y confianza. Es importante que ambos sean fuertes porque están a punto de ser probados. A medida que le pida más a su perro, es muy probable que se sienta presionado. Lo notarás cuando rechace la comida cuando se congele, o si encuentra más interés en otras cosas a tu alrededor durante el entrenamiento. Si esto sucede, devuelva a su perro a los conceptos básicos de los juegos de compromiso. Haz que interactuar contigo sea un juego de nuevo. Cuando regreses a su obediencia o adiestramiento de tareas, comienza más lento y relajado s tu perro está teniendo problemas. Este no es un tema urgente y todos los perros aprenden a diferentes velocidades. Aceptar esto hará que tu entrenamiento comience a acelerarse. Reconozca que su bebé (mentalidad de niño humano de tres años) necesita pequeños pasos y usted es su líder. Establezca micro objetivos para su perro y recompénselo por lograr esos objetivos. Si tiene problemas para enseñarle a girar, por ejemplo, recompénselo por seguir su mano primero. A continuación, establezca la meta de que él o ella siga su mano detrás de ellos y solo recompense por doblar el cuello en la dirección correcta. Pronto, los pasos de su bebé se convertirán en un movimiento fluido y, finalmente, ¡su perro dará vueltas rápidamente! Los pasos de bebé deben considerarse a gran y pequeña escala. A pequeña escala, tenemos una gran cantidad de pequeños pasos que conducen a una acción. Sin embargo, a mayor escala, cada nueva acción que su perro aprenda (y aprenda correctamente) lo ayudará a convertirse en un perro de servicio completo y obediente. Para cerrar esta brecha de obediencia al compromiso, usaremos un juego que incluye ambos pero es pesado en el lado del compromiso. ¡Pequeños pasos! ¡O debería decir, pasos de cachorro!

Caminar con la Correa Suelta: Cuando esté en público, su perro debe permanecer a su lado (a menos que una tarea requiera que se aleje brevemente de su lado). Es posible que el comienzo de este proceso no tenga sentido para usted, pero la idea es darle a su perro un entendimiento claro como el cristal de que debe seguirlo y, cuando está con una correa, no está a cargo de a dónde van (como seguir al líder).). Esto le resultará muy útil cuando realice la prueba de acceso público.

- Al principio, no necesitará golosinas para este ejercicio.

- Engancha a tu cachorro con una correa de aproximadamente cinco pies.

- Déjelo golpear el extremo de la correa (con usted sosteniendo el extremo de la correa, dándoles el largo completo) y tan pronto como lo hagan, cambie de dirección bruscamente.

- La idea detrás de esto es que el perro pensará que es el líder hasta que cambies de dirección, sorprendiéndolo, sin darle otra opción que seguirte.

- Asegúrese de caminar en línea recta para que su perro vea en blanco y negro lo que es correcto e incorrecto.

Solución de problemas: Si tu perro se niega a seguirte cuando cambias de dirección, espéralo. No les digas nada, pero mantén una presión constante sobre la correa. Mantenga la calma y, finalmente, cederán. Esto requiere paciencia. Recompénselos con una golosina una vez que cumplan.

Solución de problemas: Si su perro no está caminando sobre la línea (usted parece estar caminando en círculo), cuando cambie de dirección, hágalo en la dirección opuesta a donde está tirando su perro.

- Una vez que comiencen a no golpear el extremo de la correa, comience a cambiar de dirección aleatoriamente. No camine la misma cantidad de pasos cada vez. (Su perro predecirá los giros con bastante rapidez). Sorprenderlos les hará creer que tienen que concentrarse en usted para saber a dónde tienen que ir.

- A medida que avanzan lentamente, tome la correa pie a pie hasta que estén a su lado. Lo más probable es que llegue bastante rápido con consistencia.

- Para que sea más fácil, en este punto, elija un lado en el que desea que su perro esté la mayor parte del tiempo al caminar.

Sentarse: Siéntate, uno de los comandos más básicos que puedes enseñar, será más útil cuando estés en la fila. Además de esto, es un gran primer comando para enseñarle a su perro. ¿Recuerdas los juegos de señuelos que le enseñamos a tu perro? ¡Esto ahora entrará en juego!

- Para ello necesitará golosinas.

- Empiece con su frase inicial.

- Tenga a su perro frente a usted con una correa.

  - Sostenga la comida en su puño y llévela a su nariz; usando la comida como un imán, atraiga la nariz de su perro hacia arriba para que mire hacia arriba. Esto creará una posición incómoda para que el cuello de su perro se mantenga durante un largo período de tiempo y compensará la molesta posición en la que se sentará para enderezar la columna vertebral.

- Tan pronto como su trasero toque el suelo, haga clic y suelte la comida.

- Repita varias veces, recordando el progreso del premio mayor.

- Al principio, los recompensará todo el tiempo.

- ¡Premie las buenas intenciones! Una vez que haya hecho algunas repeticiones, su perro puede comenzar a ofrecerle el comportamiento que ha estado practicando. Si le da el comportamiento sin que usted se lo pregunte (mientras le enseña el comportamiento), ¡dele el premio grande! Esto significa que tiene toda su atención y su perro está asimilando lo que le estás comunicando.

- Termine con una buena nota y un gran premio, y use su frase de cierre.

- Después de que esté sentado de manera predecible sin que usted tenga que atraerlo, ¡agregue la palabra!

- Sostenga la golosina en su mano normalmente; si intenta ir por la golosina, no apartes tu mano. Algunos perros pueden ver esto como un juego, como el juego de atraer.

- A continuación, diga la palabra siéntese y espere a que lo haga. Cuente hasta aproximadamente 5, y si todavía tiene problemas para entender lo que le estás pidiendo, mueva lentamente la mano con la golosina hacia él como si fuera a atraerlo. Una vez que vea esa imagen, se dará cuenta de que le está pidiendo que se siente. Deje que su trasero toque el suelo e inmediatamente haga clic.

- El objetivo es no atraer nada. La mayoría de las veces, el perro dejará de esperar a que lo atraigas y simplemente te adelantará sentándose, obteniendo así el premio más rápido.

- Una vez que él / ella domine el sentado, entonces puedes comenzar a variar sus recompensas y dejar de pagar por las buenas intenciones. En otras palabras, solo premie cuando diga "siéntese".

- Después de esto, comience a pedir "sentarse" mientras está de paseo y avanza en el progreso.

Abajo: Uno de los comandos más utilizados será abajo. Es probable que lo use cada vez que vaya a sentarse en cualquier lugar o esté en un mostrador en algún lugar durante un período prolongado de tiempo.

- Comience como lo haría con cualquier lección con un nuevo comando.

- Vamos a utilizar señuelos de nuevo!

- Asegúrese de que estén en posición de pie. Un perro que aprende a tumbarse de una sentada solo entenderá cómo hacerlo si ya está sentado. Tiene lo que se llama propiocepción deficiente, y hablaremos de ello en solo un minuto.

- Esta vez, lleva la golosina de la nariz al suelo. Cuanto más intente conseguir el premio, mejor. ¡Así que asegúrate de que tenga hambre!

- No mueva la mano y no le hable a su perro. Solo lo distraerás mientras intenta descubrir cómo abrir tu mano.

- Él / ella compensará la posición incómoda bajando el cuerpo para enderezar la columna. Una vez que su trasero y sus codos toquen el suelo, haga clic y recompense.

Solución de problemas: si su perro se rinde fácilmente, comience a recompensar el interés por la golosina. De esta manera, su perro no perderá la esperanza y le estará diciendo que está en el camino correcto.

Solución de problemas: si su perro se concentra en la tarea pero tiene dificultades para resolver este rompecabezas, puede recompensarlo por sus esfuerzos recompensándolo en incrementos.

- Tener paciencia. Esta no es una carrera, y cuanto más tiempo le dé a su perro para resolver el problema, más lo comprenderá.

- ¡Termine su sesión como lo haría con cualquier otra, con una buena nota y con un premio mayor!

Anteriormente, mencionamos la propiocepción. Esta es la conciencia y percepción de la posición del cuerpo y sus movimientos. La mayoría de los perros tienen una pobre propiocepción; por lo tanto, pueden tener la incapacidad de generalizar "sentarse" como una acción que se puede realizar en cualquier lugar desde cualquier posición. Estas diferentes combinaciones deben enseñarse.

Solución de problemas: si su perro se congela y aparentemente "olvida" mirarlo con una mirada en blanco, simplemente muévase un metro hacia la izquierda o hacia la derecha y vuelva a intentarlo. Esto restablece el cerebro del perro, ya que no hace bien la multitarea. Puede sonar extraño, pero caminar tres pies hacia la izquierda o hacia la derecha es una tarea para ellos, lo que significa que cuando tienen que volver a la tarea real que tienen entre manos, su mente está fresca. Esto también es importante para probar si un perro está escuchando o simplemente en piloto automático.

Aumentando la Permanencia: ¡Ahora su perro sabe cómo "sentarse" y "echarse" con destreza! Ahora es el momento de aumentar la duración para que no espere un regalo de inmediato cada vez que marque el comportamiento correcto. Revelación completa: ¡esto requiere paciencia!

- Comience la sesión como lo haría para "sentarse".

- Dile a tu perro que se *siente*.

- Una vez que su trasero toque el suelo, haga *clic* inmediatamente.

- Espere todo un "Mississippi".

- Premie al perro mientras está en posición.

Solución de problemas: si su perro se levanta de la posición, congélese como si fuera un robot que dispensa golosinas, y la acción de su perro de salirse de la posición lo rompió. Mantenga el puño cerrado y permanezca así hasta que su perro vuelva a sentarse. Una vez que vuelvan a sentarse, puede continuar dándoles la golosina. *No* repita el comando y *no* repita el marcador.

- Aumente gradualmente el tiempo entre el marcador y la golosina. Una vez que haya acumulado una buena cantidad de tiempo, varíe la duración. ¡Los perros pueden contar! Si lo hace cuatro segundos cada vez de la misma manera, se levantarán al quinto segundo.

- ¡Termine la sesión con una buena nota y gane cualquier gran progreso!

- ¡Haz esto también para el comando abajo! Una vez que sea competente tanto en sentarse como en sentarse con la duración, será el momento de pasar de esta base y convertirlo en un comando.

Quédate: La mayoría de las veces, estarás atado a tu compañero. Sin embargo, si por alguna razón necesitas mantenerlo en un lugar mientras te alejas, puedes atarlo a un objeto o pedirle a un amigo o familiar que sujete la correa. Si este es el caso, querrás que tu perro tenga una permanencia a prueba de balas.

- ¡Comience su sesión en su entorno libre de distracciones!

- Ponle una correa a tu perro.

- Dale a tu perro el comando "abajo". Si le toma un tiempo, márquelo y recompénselo. No se puede construir una sólida estancia sobre una base débil.

- Si baja inmediatamente diga, *stay/quédate*.

- Con la correa suelta, camine aproximadamente un pie hacia la izquierda o hacia la derecha. Si permanece en la posición, haga *clic* y recompense. Puede decir "libre" para indicar que se le permite levantarse. Empareje "libre" con un suave tirón de la correa para que comprendan lo que está tratando de comunicarles.

Solución de problemas: Alternativamente, si dices "quédate" y tu perro rompe la posición, simplemente di "no" y llévalo de regreso al área en la que estaba y debería bajar por su cuenta. Si no baja por su cuenta, está bien repetir el comando "abajo" pero no "quédate".

- Repita el paso seis hasta que cumpla y se quede.

- Mantenga la duración no más de lo que había construido antes. Puede decir "bien" como una palabra puente para que su perro sepa que está en el camino correcto para obtener una recompensa. Cuando diga "bien", dígalo con una voz tranquila y relajante que invoca la calma en ellos. Los perros leen nuestra energía; si estamos entusiasmados, ellos se entusiasman. Si estamos tranquilos, igualarán nuestra energía. Habiendo dicho esto, tranquiliza a tu perro diciéndole "bien". Casi como si lo estuvieras acariciando con tu voz. (Nunca use su palabra puente o marcador a menos que vaya a recompensar a su perro).

- Haz variar repeticiones en varios lugares de su entorno y libre de distracciones durante unos diez minutos. Este es uno de los comandos más difíciles que su perro aprenderá porque se necesita concentración y conciencia para reprimir el impulso de romper la posición.

Hablemos por un minuto sobre por qué no quiere usar su palabra puente o marcador a menos que vaya a recompensar a su cachorro y cómo podrá aplicarlo al resto de la vida de su perro. Como se indicó anteriormente, los perros procesan la información de acuerdo con el orden de los eventos para predecir lo que sucederá a continuación. A esto se le llama análisis funcional; Un problema matemático simple que puede recordar para comunicarse mejor con ellos en el futuro es A + B = C. También conocido como el ABC del comportamiento.

A. Antecedente

B. Comportamiento

C. Consecuencia

Tomemos el ejemplo de lo que sucede en el cerebro de su perro cuando escucha la palabra marcador. Si ha sido constante, un clic equivale a una recompensa (grande o pequeña). Imagínese que trabaja toda la semana (la acción de su perro), y todos los viernes, su jefe le dice que tiene un cheque para usted (haga clic), y usted recibe su cheque de pago (recompensa) de manera constante en todo momento. Luego, imagine una semana que su jefe dice que tiene un cheque de pago para usted (haga clic) y usted no recibe un cheque de pago. La primera vez probablemente estés un poco molesto, pero continúas haciendo tu trabajo. Desde entonces, todos los viernes su jefe sigue diciéndole que tiene un cheque para usted, pero a veces miente y a veces es su sueldo habitual. Es la misma premisa detrás de El Pastorcillo Mentiroso. Eventualmente, su jefe diciendo: "Tengo su cheque de pago" no significará nada para usted, y simplemente comenzará a esperar su cheque en lugar de prestarle atención a su jefe. Es importante que su perro confíe en usted.

Esto es diferente al variado sistema de premios / premios. El variado sistema de recompensas está diseñado para hacer que su perro trabaje más porque obtiene bonificaciones por trabajar más duro, lo que los entusiasma por trabajar.

Tomemos el ejemplo del comando que acabamos de repasar. Le pide a su perro que se quede quieto y lo haga correctamente (A para Antecedente), y usted hace clic en (B para Comportamiento), y su perro recibe la recompensa en un tiempo razonable (C para Consecuencia). Ahora imagina que obtienen A y B, pero no siempre C. Tu señal (comportamiento) comenzará a significar menos para el perro, lo que hará que te resulte más difícil comunicarles lo que están haciendo correctamente en el futuro.

Por eso los perros siguen ladrando a los carteros; Piénsalo. Si A + B = C el 100% del tiempo, mantendrán el comportamiento. Si A + B ≠ C el 100% del tiempo, descartarán el comportamiento.

Antecedente: El cartero llega a la puerta.

Comportamiento: Tu perro le ladra.

Consecuencia: El cartero se va.

Su perro no sabe que se va porque ha terminado de entregar el correo. Él cree que sus ladridos lo están alejando según el orden de los eventos. Si eliminara o cambiara la consecuencia, él / ella detendría el comportamiento.

Llamado: Este es uno de los comandos más importantes que debe conocer cualquier perro en caso de emergencia. La mayoría de las veces, su perro de servicio estará atado a usted o a su lado, pero todos los perros necesitan libertad, y si decide llevar a su perro al parque u otra área pública, es imperativo que tengan un llamado para que regrese a ti a prueba de balas. Podría salvarle la vida.

- Prepárese con una línea larga (unos 20-30 pies bastará).

- Dado que la mayoría de las veces, tendrás que llamar a tu perro cuando no te esté prestando atención, espera hasta que olfatee el suelo o mire hacia otro lado a unos tres pies de distancia de usted.

- Diga el nombre de su perro inmediatamente seguido de "ven" o "aquí". Simultáneamente con el comando, atráigalo suavemente hacia usted.

- Tan pronto como llegue a ti, haz clic y recompensa.

- Este debería ser un juego de mucha energía. Nunca llames a tu perro para reprenderlo, nunca. Este comando siempre debe ser positivo.

- Cuanto mejo se vuelva tu perro, más distancia y distracción podrás crear.

- Trata de no hacer que tu perro se quede en algún lugar para llamarlo. Esto no solo anula el propósito de recordar lejos de la distracción (porque el perro ya está enfocado en ti), sino que puede dañar su comando de permanencia, ya que se aprendió recientemente. Debes ceñirte a un comando por sesión, especialmente cuando aprendes un comando nuevo.

Deberías ser la única persona que le dé órdenes a tu perro. Dicho esto, juguemos a un juego divertido que me gusta llamar "Pase al cachorro". Este juego asegurará que su perro regrese a ti si alguna vez lo atrae otra persona en público. Necesitarás encontrar un amigo o familiar que te ayude.

- Mantente al final de la larga correa y tu recompensa debe ser de mayor valor que la persona que te ayuda.

- Párese a unos dos metros de su ayudante.

- Tu ayudante debe agacharse y ofrecer comida, caricias o simplemente elogios. El ayudante no debe decir el nombre del perro ni darle órdenes.

Tampoco deberían darle comida al perro. Para atraer al perro a que se acerque a ellos, pueden silbar, chasquear la lengua, palmear la pierna, aplaudir, hablar como un bebé, etc.

- Deja que tu perro lo investigue.

- Cuando estés listo, llama a tu perro como lo harías normalmente con la correa y guíalo hacia ti. Incorpora la guía de la correa incluso si tu perro ha pasado de este paso. Recuerda, cuando agregues algo nuevo, complételo con algo antiguo / familiar.

- Cuando su perro llegue a usted, haga clic y llévelos al premio gordo. Dé muchos elogios, pero solo marque tan pronto como le lleguen. Esto significa que si su marcador es "sí", no vuelva a decir "sí" para elogiarlos.

- Crea una distancia entre tu y el ayudante.

Solución de problemas: Si tu perro tiene problemas para dejar la atención de tu ayudante, reduzca el nivel de atención que le presta el ayudante y aumente su recompensa.

Una vez que esté realizando bien el responder a tu llamado con una distracción limitada, inténtelo sin la guía de la correa, pero manténgase al final. Estos son los incrementos en los que debe progresar con este comando. Tenga en cuenta; Practicará cada paso hasta dominarlo. Esto puede llevar algunas sesiones para lograr esta lista.

Al inicio : Distancia corta, guiar con la correa simultáneamente con el comando, enrolle la correa.

- Crea más distancia, guía simultáneamente de la correa, enróllala.

- Aumenta distancia en línea larga, guía de la correa simultáneamente, enróllala.

- Distancia corta, guía de la correa simultáneamente, **no** la enrolle.

- Distancia más larga, guía de la correa simultáneamente, no la enrolle.

- La distancia más larga, guía de la correa simultáneamente, no la enrolle.

- Distancia corta, sin movimiento de correa.

Solución de problemas: Recuerde, si durante estos pasos tu perro se confunde, simplemente vuelva al último paso en el que era eficiente.

- Mayor distancia, sin movimiento de correa.

- Distancia más larga, sin movimiento de correa.

Solución de problemas: Si durante la progresión en la que te encuentras hay un paso que requiere menos uso de la correa, tu perro se confunde, usa la correa para aclarar lo que estás preguntando.

- Ahora es el momento de agregar aún más distancia. Suelta la correa y deja que la arrastren. Llámelos como lo haría normalmente. Cuando lleguen a ti, haz clic y gana el premio mayor. Dele muchos elogios.

Solución de problemas: Si tu perro no te permite crear distancia siguiéndote, dale tiempo. Al igual que los niños, se aburrirán y tratarán de encontrar algo más interesante en lo que concentrarse. Esta es la oportunidad perfecta para mostrarles que eres más interesante que cualquier otra cosa.

Solución de problemas: Si tu perro no te responde de inmediato o se confunde, ve al final de la línea y arréglalo. Nunca vayas hacia el perro.

- Consigue a un amigo para que te ayude a jugar "Pasar al cachorro".

- Distancia corta con ayuda de la correa.

- Distancia corta sin ayuda de la correa.

- Mayor distancia con ayuda de la correa.

- Mayor distancia sin ayuda de la correa.

- Distancia más larga con asistencia de la correa.

- Distancia más larga sin ayuda de la correa.

- A continuación, comienza a llamar a tu perro cuando se dirija al ayudante.

- Empieza cuando tu perro te deje y ayúdalo con la correa.

- Luego espera a llamarlo hasta que esté a mitad de camino al ayudante. Usa la correa.

- Luego llámalo justo antes de que llegue al ayudante. Esto es lo más difícil para un perro. Una vez que un perro ha superado el 50% del camino hacia una distracción, su atención es más difícil de lograr. Es por lo que practicamos para esto.

- Usa tu propio juicio sobre la cantidad de distracción con la que debe comenzar y progresen en consecuencia. Cada cachorro es diferente.

- Empiece a practicar en caminatas.

- Distancias cortas con ayuda de la correa.

- Largas distancias con ayuda de la correa.

- Haga que su perro camine con una correa suelta y pídale a su ayudante que trate de atraer a su perro. Si comienzan a caminar hacia ellos, llámelos como hicimos en los pasos 22-25. Si tu perro no se molesta en ir hacia él y se concentra en ti, ¡dale un premio gordo y felicítalo!

Consejo: Utiliza muchos ayudantes diferentes. No siempre la misma persona.

Atención al talón: Utilizado por primera vez por perros de trabajo militares y de la policía, se enseñó un talón de atención para mantener a los perros enfocados en el guía mientras caminaban entre la multitud para que sus perros más reactivos no se distraigan y acepten movimientos rápidos o civiles desordenados pero no amenazantes. Hoy en día es utilizado por una amplia variedad de personas que desean tener más control sobre sus perros cuando caminan debido a distracciones como el tráfico, otros animales, comida, etc. Esto está destinado a ser para períodos cortos cuando caminas por una distracción, no para una larga caminata completa.

- Empiece con su frase de apertura.

- Comience atrayendo a su perro (con la guía de la correa) a la posición de talón. Hay varias formas de hacerlo. Puede atraerlos más allá de su pierna desde el frente y luego regresar hacia usted en su posición de costado con los pies en línea con los suyos o puede hacer que circulen detrás de usted por el lado opuesto de su elección y terminar en la posición del talón.

- Nunca alimente a cuerpo cruzado. Esto significa que si su perro está apuntando a su izquierda, lo alimentará con la mano izquierda y hará clic con la derecha (si usa un clicker). La alimentación cruzada promueve que tu perro se adelante a usted para acercarse a la recompensa, lo que anula el propósito del talón.

- La mano con la que alimentes debe estar alineada con tu cadera y adyacente a ella. Si tu perro es más alto que tu cadera, puedes aumentar la altura en consecuencia.

- Comienza a aumentar la duración reteniendo el premio. Utiliza la palabra puente "bueno" para animarlo a permanecer en su posición.

- Una vez que tu perro se ponga en posición sin ser atraído, es hora de comenzar a moverse.

- Primero, el premio gordo por un paso. Luego dos. Continúa agregando hasta que pueda hacer cinco pasos y luego comienza a recompensar al azar.

- Si tu perro mira hacia otro lado, suelta la correa para llamar su atención. Tu perro comprenderá este chasquido de la correa si siguió correctamente los pasos para caminar con una correa suelta.

- Comienza a agregar vueltas y recompénsalo incluso por medias vueltas. ¡Recuerda pasos pequeños!

- ¡Al final de cada lección, di tu frase de cierre!

- Haz que un ayudante se pare cerca de ti y simplemente recompense a tu cachorro por ponerse en posición alrededor de otra persona. Luego camina alrededor de la persona.

- Consigue dos ayudantes y practiquen su posicionamiento en un movimiento en forma de ocho alrededor de ellos.

- A continuación, pídeles que caminen a tu lado mientras colocas a tu cachorro en posición.

- Esta vez, caminen uno al lado del otro y mantengan la atención del cachorro.

- Recuerda que tu controlas la velocidad a la que camina tu perro. Es fácil encontrarnos igualando la velocidad de nuestro perro cuando realmente deberíamos hacerlos coincidir con la nuestra. Para hacer esto, puedes reducir la velocidad de tu ritmo y recompensar con más frecuencia. No recompenses con más frecuencia si sigues el paso de tu perro.

Forma libre: El modelado libre es algo que usaremos mucho en este libro. Es diferente a atraer. Con el señuelo, estás guiando al perro hacia el comportamiento o la posición que deseas. Con la forma libre, le permites al perro descubrir cómo obtener el comportamiento deseado por sí mismo. Esto se hace recompensando las buenas intenciones incrementales. Esta es una excelente manera de que un perro aprenda porque aumenta la creatividad, la confianza y solidifica el comportamiento mejor que si fuera atraído. Para practicar esto, usaremos el comando "colocar" como ejemplo.

Lugar: Lugar es un buen comando para tu perro cuando estás en casa y necesitas que se acueste. El lugar puede ser cualquier cosa, desde una manta en el suelo hasta una cama para perros o una jaula. También es útil cuando traes a tu perro al trabajo.

- Empieza diciendo tu frase inicial.

- Ten una toalla o una cama para perros en el piso en cualquier lugar de la habitación.

- Si se trata de un objeto nuevo, es posible que tu perro lo investigue naturalmente. Dicho esto, sugiero usar una toalla para comenzar (siempre puedes cambiarla por un objeto diferente más adelante).

- Puedes sentarte o pararte. Si el perro le presta atención a la toalla, haz clic y deja que se acerque a ti para obtener el premio.

Solución de problemas: Esto requiere algo de paciencia y tiempo; sin embargo, recuerde que la distancia puede hacer que sea más fácil o más difícil. Si su perro pasa tiempo cerca de usted tratando de averiguar cómo obtener la golosina, acerque la toalla a usted para que tenga más posibilidades de que su perro le preste atención.

¿Qué constituye la atención? Mirar, oler y dar pasos todo esto lleva a la meta, que es lograr la atención. Trata de evitar las mordeduras gratificantes, ya que esto hará que tu perro se aleje por un camino diferente del objetivo que estás tratando de lograr.

- Recompensa de forma progresiva y constante el comportamiento que va dirección a la meta que estás tratando de lograr. Recuerda dar un gran premio a cualquier progresión importante, por ejemplo: han sido recompensados por mirar la toalla y deciden dar un paso hacia ella. ¡Eso requiere un gran premio! O lo han estado pisando y, de repente, le han puesto dos patas. ¡Premio grande!

- Continua con esto y una vez que te ofrezca el objetivo final, comienza a mover la toalla a diferentes áreas. Esto desarrollará la propiocepción de tu perro y solidificará el comando. Si se confunde, comienza a recompensar las buenas intenciones nuevamente. Si es necesario, mueve la toalla al lugar original para que no se confunda demasiado y luego muévela solo un pie o dos en una dirección.

Pausa/Break: Otro ejemplo de modelado libre incluye esperar los momentos de enseñanza. Dos de los comportamientos más fáciles de moldear libremente son defecar y orinar. Puede crear dos comandos para esto (uno para el n. ° 1 y otro para el n. ° 2). Debido a que ambos comandos tienen los mismos pasos, usaremos el término "pausa/break".

- Primero, debes tener un conocimiento general del horario de tu perro sobre cuándo debe ir al baño. Esto te dará la mejor oportunidad de estar preparado para que pueda ser consistente.

- Lleva a tu perro al baño y asegúrate de tener la recompensa contigo; si usas un clicker, tenlo contigo también.

- Cuando tu cachorro tenga el comportamiento deseado, haz clic al final de la acción. Si has usado la marca de manera correcta y constante, tu perro debe girar la cabeza y estar en línea recta hacia ti. Aliméntalo cuando llegue a ti.

- Antes de que vaya al baño, cada vez que lo dejes salir, comienza a agregar la palabra. En este caso, usaremos "break/pausa".

- Saca a tu perro para ir al baño, di descanso/break y espera a que "se vaya". Haz clic y recompensa. Eventualmente, la palabra precederá a la acción y tu perro asociará la palabra con la acción.

Caja de moldeado libre: Has hecho esto con "lugar", pero como se dijo antes, cuanto más le pidas a tu perro que haga, más fáciles serán las nuevas tareas y su intelecto crecerá. Para ello, necesitará una caja de cartón lo suficientemente grande para que entre su perro. Has hecho esto con "place/lugar", pero como se dijo antes, cuanto más le pidas a tu perro que haga, más fáciles serán las nuevas tareas y su intelecto crecerá. Para ello, necesitarás una caja de cartón lo suficientemente grande para que entre tu perro.

- Empieza con tu frase inicial.

- Toma una caja de cartón y colócala de lado con la abertura hacia tu perro.

- Si tu perro muestra algún interés en la caja, haz clic y recompénsalo.

Solución de problemas: Si su atención cambia demasiado hacia ti, simplemente compórtate interesado en la caja, pero no hables con tu perro.

- Haz *clic* y dale un gran premio a tu perro si pisa la caja.

- Una vez que esté yendo y viniendo de la caja a una velocidad rápida, comienza a retener el clic.

- Tu perro se frustrará y comenzará a hacer más comportamientos con la caja. Haz clic y premia cualquier progreso que te agrade.

- Después de que haya entrado en la caja de manera constante y haya sido recompensado por ello, inclina la caja hacia atrás.

- Haz *clic* y premia las buenas intenciones.

- Las buenas intenciones incluyen; olfatear la abertura de la caja, mirar dentro de la caja, tocar la caja, poner una pata en la caja, poner ambas patas en la caja, etc.

- Tu objetivo es que tu perro salte dentro de la caja sin ninguna guía o ayuda que no seas tu recompensando los comportamientos que puedes lo llevarán a la meta.

¿Cuál mano?: Este es un juego de condicionamiento libre que requiere mucha concentración por parte de tu perro. ¡Es posible que incluso pueda usar su nariz altamente calificada! ¡Qué divertido para ellos!

- Empieza por conseguir la comida que le encanta a tu perro.

- Da comienzo con tu frase de inicio y luego esconde la comida en AMBAS manos. (Si su discapacidad le impide hacer esto, puede usar vasos volcados en el suelo).

- Presenta sus manos a tu perro, que debe estar sentado o parado frente a ti.

- Permite que tu perro olfatee ambas manos y espera a que toque una.

- Ten un ayudante para hacer clic por ti si usas un clicker.

- Una vez que el perro toque tu mano, debes hacer clic y recompensarlo abriendo tu mano para darle el premio.

- Consigue más comida y comienza de nuevo.

- Cuando te perro comprenda que tocar con la pata le da una recompensa, comienza a esconder la comida solo en una mano (taza).

- Incluso si toca la mano vacía, debes abrirla.

- Entonces tu perro se da cuenta de que patear abre la mano pero no equivale directamente a la recompensa. En cambio, debe decidir qué mano tiene la comida y seleccionar esa mano.

- Esto será útil si necesitas que tu perro te toque para alertarte de algo en el futuro. Hay algunas tareas en el último capítulo para las que puede usar esto.

Speak/Habla: Ahora, podrías preguntarte: "¿Por qué le enseñaría a hablar a mi perro?" Dos razones, si puedes hacer que ladre al recibir una orden, puedes hacer que se detenga al recibir una orden, y usaremos este comando para unirlo a una tarea más adelante en este libro. Este comando puede ayudarte a enseñar alertas a otros ruidos que puedas tener dificultades para escuchar, como el timbre de la puerta, el teléfono que suena, alguien que te llama por tu nombre, etc. Para iniciar este comando, primero piensa en lo que puedes hacer para que tu perro se emocione lo suficiente como para ladrar. Tal vez ladra cuando no le das la comida o el juguete que estás reteniendo o cuando te emocionas mucho. Lo que sea que funcione para tu perro.

- Asegúrate de comenzar la lección con tu frase inicial para que tu perro comprenda que hay algo que aprender.

- Presenta a tu perro lo que has concluido que funcionará mejor para que hable. (Por ejemplo, la mayoría de los perros hablan cuando aumenta su nivel de energía).

- Tan pronto como ladre, haz clic y recompensa.

- Si estás usando un juguete para hacer ladrar a tu perro, recompénsalo primero con el juguete y alterna entre el juguete y el premio.

- Deberán ponerse al día bastante rápido. Una vez que tengas claro que tu perro comprende que hablar le da la recompensa, agrega la palabra "hablar" y luego realiza la acción que lo induzca a ladrar. Haz clic y recompensa el ladrido. Debido al orden de los eventos, la palabra hablar se asociará con el ladrido.

- Una vez que tu perro esté haciendo esto de manera constante, puedes retener el marcador para generar frustración. La frustración hará que tu perro empuje más fuerte (en este caso, ladre más). Marca dos ladridos, luego tres y así sucesivamente.

Conseguiste que tu perro ladrara, ¿cómo consigues que se detenga?

Enough/Suficiente: Se utiliza suficiente para silenciar a tu perro una vez que te ha alertado del ruido.

- Empieza como lo harías con cualquier lección.

- Pídele que *hable*.

- Permite que tu perro ladre repetidamente y luego di firmemente, suficiente/*enough*.

- Tan pronto como tu perro esté tranquilo, haz clic y recompensa con un premio grande.

- El tiempo es muy importante con este comando, y debes reaccionar rápidamente para capturar el comportamiento de tu perro dejando de ladrar.

Mantener/Hold: Al igual que "hablar", mantener es otro comando que estamos enseñando para comenzar una tarea. Este comando le ayudará en su primera tarea (consulte el capítulo 8).

- Utiliza un palo o un juguete que le guste sostener a tu perro.

- Vamos a usar el condicionamiento libre en este, así que prepárate para ser paciente y sostén el juguete frente a ti y hacia tu perro.

- Naturalmente, la mayoría de los perros querrán investigar instintivamente el objeto. Una vez que lo haga, recompensa las buenas intenciones.

- continuación, puede tocarlo con la nariz y recompensarlo por su insistencia.

- Continua hasta que empuje constantemente el objeto con la nariz. Entonces retén la recompensa.

- Premia cualquier progreso como tocarlo con la boca.

- Eventualmente, estará constantemente teniendo el objeto en la boca con el fin de recibir su recompensa. Para aumentar la duración, reten la recompensa nuevamente. Incluso si el perro lo mantiene durante medio segundo más, gana un gran premio. Este es otro comando que requiere un tiempo de respuesta rápido.

- Una vez que tu perro sostenga el objeto, comienza a soltarlo mientras él/ella lo sujeta con firmeza.

- Puedes colocar una mano debajo de su barbilla y acariciar la parte superior de su cabeza con la otra mano para fomentar un agarre firme del objeto.

- Cuando marques y recompenses una vez que hayas llegado al paso de soltar el objeto, asegúrate de volver a sostener el objeto antes de soltarlo para darle la recompensa.

Practica estos pasos y revisaremos este comando más adelante en el libro.

¿Te gusta lo que estás leyendo? ¿Quieres escuchar esto como un audiolibro? ¡Haz clic aquí para obtener este libro GRATIS al unirte a Audible!

https://adbl.co/2Nw1wg1

CAPITULO 6
Entrenamiento en neutralidad, desensibilización y preparación pública.

Hurra! Ahora tienes la suficiente confianza en la obediencia de tu perro dentro de casa y en los paseos como para mostrarlo en público. Si tienes un chaleco de servicio o un collar especial para tu perro, ahora es el momento de ponérselo. La razón es que los perros responden bien a la orientación del equipo. Esto pondrá a su perro en un estado mental perfecto, entenderá que cuando tiene el chaleco puesto está en el trabajo.

Muchos lugares no permiten perros de servicio en entrenamiento en su establecimiento. Para prepararse mejor, puedes consultar las leyes de tu estado. Afortunadamente, hay una lista de tiendas en todo el país que te permitirán llevar adentro a tu perro de servicio aunque esté en entrenamiento. Investiga un poco en tu área sobre qué tiendas permiten perros domésticos. ¡Los resultados pueden sorprenderte!

¡Antes de salir de casa, ejercita a tu perro! Un perro cansado podrá comportarse mejor en público, lo que te causará menos estrés. No solo te causará menos estrés, sino que tu perro tendrá una experiencia más agradable porque no tendrás que corregirlo tanto. Asegúrate de empacar premios de comida / bolsa de golosinas, clicker (si corresponde), chaleco para perro de servicio y, por supuesto, ¡su perro de servicio! Una última cosa antes de subir al coche, dale a tu perro un descanso para ir al baño. Sigue los pasos que se te dieron en el capítulo anterior para que este proceso sea más rápido en el futuro.

Cuando llegues a tu destino, no permitas que tu perro salte del automóvil a voluntad. De hecho, sugiero que coloques jabas de plástico en tu automóvil si es posible. Es más seguro para tu mascota en caso de accidente automovilístico. Sin embargo, si viajas con tu perro fuera de una jaula, será beneficioso para ti durante la prueba de acceso público practicar de esta manera ahora. Por eso es importante seguir la regla número seis del capítulo tres. Si nunca le dices a tu hijo "no" en casa, reaccionará mal cuando le digas "no" en público. Con suerte, todavía tienes que sacarlo al público antes de este punto. Si la última experiencia que tuvieron en público fue una en la que se sintió a cargo, es posible que tengas que corregirlo más o dar más pasos hacia atrás en el proceso que si les dieras esta nueva experiencia con una obediencia a la que recurrir. Puedes encontrar consuelo en que cuanto más aprenda de ti, más te buscará para obtener orientación en una nueva situación. Es algo similar a cómo llamarías a tus padres en una situación estresante.

Después de que se hayan bajado del coche con calma, es importante que adopten la mentalidad de trabajar. Sujeta su chaleco de servicio y practica una obediencia recompensada por tu vehículo. Hacer esto marcará la pauta para tu perro y le enviará un mensaje claro sobre lo que se espera de él en este entorno. Sugiero hacer el ejercicio de la correa de "seguir al líder" antes y después de su breve sesión de obediencia. Asegúrate de darle un gran premio a tu perro cuando esté completamente comprometido contigo. Una vez que se sienta seguro con su sesión, continua adentro con tu perro caminando junto a tu talón.

Sugiero ir primero a una tienda de mascotas. No solo admiten mascotas, sino que si esta es la primera vez que tu perro sale en público, no captará tantas miradas si se porta mal. Muchas de las mascotas que ingresan a estas tiendas tienen poco o ningún entrenamiento, por lo que la gente está acostumbrada a los perros rebeldes. Por supuesto, tu perro no será rebelde porque ha seguido estas reglas y pasos de manera constante. De hecho, creo que recibirás algunos cumplidos. Recuerda, nadie debe acariciar o alimentar a tu perro con su chaleco puesto. Si deseas permitir este comportamiento, primero debes quitarle el chaleco. Sin embargo, durante el primer mes más o menos, no permitiría esto en absoluto. Si alguien intenta captar la atención de tu perro, recuerda su entrenamiento. Di el nombre de tu perro y, en cuanto haga contacto visual contigo, ¡premio gordo! ¡Qué gran hito! Haz que la visita a la tienda sea breve y agradable. No le pidas demasiado. El objetivo de este viaje es simplemente la exposición y el buen comportamiento en general. Cualquier obediencia que le pidas a tu perro en el primer viaje debe ser recompensada. Utilice a cada persona que pase como un momento de enseñanza. Cuando pase una persona o un grupo de personas, observa cómo reacciona tu perro. No tiene permitido olfatear a otras personas (o mercancía para el caso) mientras pasan. ¡Termina con una buena nota! Tu segundo viaje debe ser en la misma tienda (incluso el mismo día pero después de un merecido descanso). Esta vez, solo recompensa los momentos que te impresionen. Por ejemplo, si tu perro se ha acostado siempre que se lo ordenas, pero más lento de lo que te gustaría, prémielo cuando se acueste más rápido. Puede que todavía no sea la velocidad que te gustaría, pero está un paso más cerca de tu objetivo. Ésta es la diferencia entre práctica y aplicación. Hemos estado practicando durante aproximadamente un mes hasta este momento. Ahora es el momento de aplicar lo que le has enseñado a tu perro.

La segunda tienda a la que sugeriría ir es cualquier tienda de mejoras para el hogar. Ahora que confías en que tu perro se comportará en público, es hora de exponerlo a factores estresantes menores. Estos factores estresantes pueden ser carritos ruidosos, sierras, oradores de anuncios públicos, pasillos llenos de gente, etc. Empieza de a poco, pasen junto a alguien con un carrito. Si tu perro se porta bien e ignora el estímulo, haz clic y recompensa. Premio mayor cuando ignora un factor estresante mayor. ¿Qué pasa cuando reacciona mal al estímulo? Ignora a tu perro si parece estresado. Si mimas su miedo, validarás su reacción. Es la misma razón por la que los perros le temen a los rayos. Muestra una ligera preocupación y alguien lo consuela, aunque, con buenas intenciones, el perro creerá que tiene razón en su miedo.

Si encuentras algo de lo que tu perro no está seguro, realiza algunas de sus sesiones de obediencia a una distancia en la que tu perro se sienta cómodo, lejos del factor estresante. Acércate lentamente al factor estresante mientras practicas su obediencia. Los perros son terribles para realizar múltiples tareas. Si se concentra en ti y en su obediencia a medida que se acerca al factor estresante, pronto se comportará normalmente incluso cuando esté junto al factor estresante. Se dará cuenta de que no pasa nada malo. Imagina que estás en una nueva escuela y todo es nuevo y aterrador. Sin embargo, en tu antigua escuela, eras un genio de las matemáticas y ahí es donde te sentías más cómodo.

Sería difícil adaptarte a todas tus clases en esta nueva escuela hasta que ingresaras en la clase de matemáticas. Una vez que comienza la clase, estás en tu zona y todos los demás problemas y factores estresantes del día desaparecen en ese momento. Cuando tu perro confía en su obediencia, se convierte en su zona de confort en nuevos entornos hasta que haya estado en tantos entornos nuevos que se sienta seguro de afrontar cualquier situación nueva.

Otro entorno al que tu perro debe acostumbrarse es el consultorio del veterinario. Es imperativo que tu perro no asocie a los veterinarios con recuerdos negativos. Para hacer esto, debes tomarte un tiempo para llevar a tu perro a su veterinario habitual solo para visitar al personal y hacer que le den golosinas. Si solo va al veterinario para recibir vacunas, comenzará a desarrollar una asociación negativa con el consultorio. Sin embargo, gracias a la comprensión de la probabilidad de tu cachorro, correrá el riesgo para recibir la recompensa si la recibe con más frecuencia.

Cuantos más lugares conozca tu perro, más cómodo estará en cualquier situación dada. Cuantas más cosas nuevas le enseñes, mejor aprenderá. Si no tienes escaleras en casa, practica subir y bajar escaleras con tu perro. Si estás en una silla de ruedas, trabaja para cargar y descargar ascensores de manera segura. Si se te pregunta sobre tu perro de servicio, asegúrese de estar tranquilo y educa sobre la necesidad general de perros de servicio. Cruzar la calle debería ser fácil. Por supuesto, sigues la regla de tu madre de detenerse en la acera y mirar a ambos lados antes de cruzar. Prepárate para tensar la correa si tu perro sigue adelante. Él / ella debería detenerse en una decima cuando tu te detengas. Si tienes que corregirlo, practica caminar hasta la acera unas cuantas veces y levanta la correa de manera preventiva simultáneamente cuando te detengas. Vuelve a la regla de tres viejos, uno nuevo. Para tres repeticiones, camina hasta la acera y afloja la correa al mismo tiempo. No des órdenes, elogios o golosinas. Si tensas la correa y das un premio, no le darás a tu perro una imagen clara de lo que quieres. En la cuarta repetición, no sueltes la correa de inmediato. Si tu perro se detiene a tiempo, haz clic y recompensa. Alternativamente, si no se detiene a tiempo, sujeta la correa con un poco más de firmeza y no lo recompenses. Continua hasta que tengas éxito. Si corrigieras a tu perro y luego lo recompensaras por volver a la posición en la misma repetición, continuaría haciendo el comportamiento incorrecto para tomar la corrección y recibir la recompensa de todos modos. Especialmente si el riesgo vale la pena.

Practica varios down/abajo y stay/quédate al final del pasillo mientras la gente pasa; puedes decirle a tu perro "bien", pero trata de decirlo sólo cuando pase una persona. La verdadera prueba será cuando pase un perro o una persona. Si alguien se detiene para tratar de interactuar con él/ella (incluidos los perros), explíquele con calma y cortesía que tu cachorro está entrenando. Primero, recompensa y libéralo después de que una persona pase. Da un premio grande cuando pasen niños o perros. Camina hacia otro pasillo y repite. Otro pase impresionante por el que tu perro debe recibir una gran recompensa es cuando un carrito de la compra pasa cerca mientras está en un descanso.

El tercer lugar al que debes ir (si el clima lo permite) es un restaurante con un área para comer al aire libre. Durante la prueba de acceso público, al menos una vez, se probará a tu perro con comida en el suelo. Es importante para la salud y los modales generales de tu perro que nunca coma alimentos del suelo. Cuando te sientes en tu mesa, tu perro debe estar fuera del camino de los clientes y del personal. Pídele a tu perro que se acueste debajo de la mesa a tus pies. Sugiero probar esto primero en casa.

- Tu perro está en down-stay/descanso.

- Asegúrate de sujetar firmemente la correa, debe estar suelta, pero lista para corregirlo.

- Deja caer comida a unos 4 pies de tu perro.

- Si se abalanza, tense la correa (el tiempo de reacción es importante). Si accidentalmente come la comida, está bien. Simplemente reajuste su tiempo y distancia.

- Si tu perro no busca la comida que cayó, vuelve a recoger la comida y luego haz clic y premia a tu cachorro.

- Debe permanecer en una posición de descanso.

- Este es un gran ejemplo de cuándo debes usar el tres viejas y una cuarta repetición nueva.

- Aumenta la duración desde el momento en que la comida llega al suelo hasta que la recoges y lo recompensas.

Has pasado todo tu tiempo con tu perro durante las semanas que han estado entrenando. Pero a veces, tendrás que entregarle la correa a alguien más mientras te pierdes de vista. Esto se prueba durante la Prueba de Acceso Público. Tu perro debe mantener la calma y esperar tu regreso sin mostrar estrés. En casa, practica esto primero con la caja. Al azar, de 15 a 20 veces al día, coloca a tu perro en la jaula y cierra la puerta durante 1 a 5 minutos a la vez sin ningún motivo. Para el primer día, coloque la jaula en un área donde él / ella pueda verte mientras esta dentro. Luego, mueve la caja a un área más apartada. Una vez que esté constantemente calmado, pide a un ayudante que sujete la correa mientras tu te alejas brevemente de su vista y regresas. No le digas adiós ni holas a tu perro. La emoción de que regreses generará ansiedad por separación porque están anticipando tu regreso. En cambio, cuando regreses con tu perro, toma la correa de tu ayudante de manera neutral, camina unos pocos pies, haz clic y recompensa a tu perro. Ignora cualquier ansiedad por separación. Corregirlo será prestarles atención, que es lo que está provocando la ansiedad. Una vez que haya sido recompensado varias veces por no mostrar un comportamiento ansioso, quita las recompensas.

Para desensibilizar a tu perro a la preparación, es una buena idea que lo hagas con regularidad. Independientemente de su entrenamiento, tu perro siempre debe verse bien a la vista del público. Esta desensibilización no solo lo ayudará en la clínica del veterinario, sino también durante la Prueba de Buen Ciudadano

Canino si decide tomarla. Prueba a preparar frecuentemente la boca, las orejas y las patas de tu perro y recompénsalo al final de cada sesión.

¿Te gusta lo que estás leyendo? ¿Quieres escuchar esto como un audiolibro? ¡Haz clic aquí para obtener este libro GRATIS al unirte a Audible!

https://adbl.co/2Nw1wg1

Capítulo 7
Tareas

Finalmente! Estás listo para aprender las tareas que te darán una nueva calidad de vida y fortalecerán aún más la relación con tu perro. A lo largo de este capítulo, puedes elegir lo que sea apropiado para ti y tu estilo de vida y aplicarlo al adiestramiento de tu perro.

Bring/Traer: esta tarea se puede utilizar por diversas razones. Muchas veces dejarás caer un artículo que quizás no puedas recoger, o quizás algo esté fuera de tu alcance, y necesitas que tu perro de servicio lo recoja por ti. Notarás que esta tarea se deriva del comando "hold/sostener".

- Lo dejamos en "hold/sostener", donde tu perro sostendrá voluntariamente un artículo durante la cantidad de tiempo que tu hayas decidido.

- Ahora agregaremos la acción de recoger el artículo. Busca una mesa, silla o caja corta que tenga la altura del pecho de tu perro.

- Pon en reposo el objeto con el que tu perro se sienta más cómodo recogiendo de la superficie.

- Mientras esté cerca del perro (la misma distancia a la que ha estado practicando), señala el objeto y anima a tu perro a que lo recoja.

- Una vez que lo haga, agarre el objeto de su boca (debe seguir sosteniendo), haz clic y recompensa a tu perro.

Solución de problemas: Justo como hicimos cuando el perro se salió de posición después de sentarse o recostarse, si tu perro suelta el objeto, debes ignorarlo hasta que lo vuelva a agarrar.

- Continua con estos pasos hasta que tenga consistencia. Cuando tu perro sea consistente, agrega la palabra "traer" a tus gestos con las manos (señalar).

- Una vez que sea eficiente, comiencen a moverse (tu y tu perro) más lejos de la superficie y el objeto. Comienza aproximadamente a un pie de distancia.

- Gradualmente crea más y más distancia y premia la progresión.

- Una vez que tengas una buena distancia, baja la golosina a una superficie que se encuentre con los tobillos delanteros de tu perro.

- Cuando bajes el objeto, debes volver a la primera distancia en la que comenzaste. Nuevamente, construye distancia para esta nueva altura.

- Finalmente, una vez que estés seguro, pon el objeto en el suelo. Premia a tu perro por recogerlo y luego aumenta la distancia y la consistencia.

- Prueba ahora sentarte en una silla y dejar caer el objeto a tus pies. Pídele a tu perro que "traiga" el objeto y recompensa con un gran premio.

Solución de problemas: Si tienes dificultades en algún momento durante estos pasos, vuelve sobre su progreso hasta el último paso en el que fue eficiente y ve aumentando lentamente a partir de ahí.

- Ahora es el momento de comenzar a crear una mejor generalización con el comando. Si estabas usando un palo, cambia a otro objeto que creas que le gustará sostener. Cuantos más objetos utilices con estos pasos, más neutral se volverá el comando y recogerá cualquier objeto. ¡Incluso puedes comenzar a dar nombres a los elementos! Recuerda, cuando introduces algo nuevo, lo complementas con algo antiguo. Con este nuevo objeto, es importante que empiece primero sosteniéndolo, como hicimos en el capítulo de obediencia. No te preocupes; tu perro ha hecho esto antes y rápidamente se adaptará y avanzará a través de los pasos mucho más rápido.

Aparatos de oído: Los perros pueden ser entrenados para alertarnos de muchos ruidos. Estos incluyen alarmas, teléfonos que suenan, alguien que te llama por tu nombre, un golpe en la puerta o incluso un automóvil detrás de nosotros. Sin embargo, para esta tarea, simplemente le estaremos enseñando a tu perro a alertarnos sobre un mensaje de texto. Si esto no se aplica a tu vida, pero aún así deseas que tu perro te avise de otro ruido, simplemente aplica estos pasos al ruido que elijas.

- Primero, en tu teléfono entra a la aplicación de configuración, busca notificaciones y selecciona el sonido de notificación que usas para mensajes de texto. Debería reproducirse cada vez que lo presiones.

- ¿Recuerdas cómo le enseñamos a tu perro a hablar cuando se le ordena? ¡Genial! También lo usaremos.

- Di la frase inicial de tu lección y gana la atención de tu perro.

- Presiona para hacer el ruido en tu teléfono y luego inmediatamente pídele a tu perro que hable.

- Premia a tu perro por hacerlo. En definitiva le está dando un apodo al comando hablar. Tu perro sabrá que cuando suene el ruido, le dices que hable. Eventualmente, lo llevará al grano y hablará tan pronto como escuche el sonido porque quiere obtener la recompensa lo antes posible.

- Deberás continuar estas sesiones hasta que ya no tengas que decirle a tu perro que hable después del ruido.

- Una vez que tu perro sea consistente, intenta aplicarlo fuera de las sesiones. Si tu perro parece tener curiosidad por el ruido, pero está atorado o confundido, está bien que lo ayudes a calmar indicándole que ladre con la orden de "hablar".

- ¡Ahora la parte divertida! Una vez que tu perro comprenda ambos, traer [inserte el nombre del objeto aquí] y cómo alertar a la notificación de mensaje de texto de tu teléfono, puedes hacer que tu teléfono se apague desde el otro lado de la habitación (o incluso en otra habitación) y pedirle a tu perro que lo recupere por t!

Open/Abrir: Dependiendo de tu discapacidad, puede resultarte difícil abrir y cerrar puertas. En este paso a paso, te enseñaré los conceptos básicos de cómo enseñarle a tu perro a abrir las puertas de los armarios.

- Elige una puerta de armario que sea de fácil acceso para tu perro.

- Saca una cuerda o bufanda y anima a tu perro a que juegue a tire de ella.

- Tan pronto como tire una sola vez, haz clic y recompensa.

- Agrega la palabra abrir ahora si lo deseas y asegúrate de que esté tirando solo una vez.

- Luego, ata la cuerda o bufanda a la perilla o manija del gabinete.

- Usa tu mano para atraer al perro a que muerda y dale la orden de abrir.

- Premia su progreso.

Cerrar: Ahora la puerta del armario está abierta y debe cerrarse. ¿Recuerdas el juego en el que le enseñamos a tu perro a tocar tu mano con la nariz? ¡Genial! ¡Lo aplicaremos a esta tarea!

- Tenga una nota adhesiva o un trozo de cinta adhesiva de color sólido adherido a tu palma, dale a tu perro la orden de tocar y recompénsalo por empujar la cinta.

- Una vez que sea consistente, mueve la cinta al gabinete donde el perro debe empujarla para cerrarla.

- Dile a tu perro que toque y ten paciencia. Haz clic y dale un gran premio incluso si solo olfatea el gabinete.

Solución de problemas: Si tu perro tiene dificultades para establecer la conexión, haz lo mismo que hicimos para el "toque", que consiste en ocultar la comida debajo. En este caso, esconde un trozo de comida debajo de la cinta para que pueda olerla, pero no pueda comerla. Haz clic y premia cualquier interés en él.

- Una vez que tu perro esté realizando este comando (créeme, lo hará, ¡es divertido y fácil para ellos!) Agrega la palabra "cerrar" justo antes de que se disponga a empujar la cinta en el gabinete.

- Una vez que esté empujando la cinta con soltura, haz que la cinta sea de la mitad del tamaño. Continua con algunas repeticiones consistentes. Asegúrate de premiar el progreso.

- Pronto podrás quitar la cinta y dar la orden de cerrar, y tu perro empujará la puerta del armario para cerrarla.

- Aquí es cuando agregarás distancia. Lo que significa ... ¿puedes adivinar?

- ¡Así es! AÑADA LA CINTA DETRÁS. Trae algo nuevo, agrega algo viejo.

Conexión a tierra (terapia de presión profunda): Muchas personas que sufren de ansiedad y ataques de pánico pueden beneficiarse del uso de técnicas de conexión a tierra. A menudo, esto se centra en sus sentidos: vista, olfato, oído, gusto y tacto. Sin embargo, muchos se benefician de la presión que se les aplica. La mayoría de la gente usa una manta con peso, pero por suerte para ti, tienes una manta peluda con peso que vive y respira y que te ama. Para enseñar esta tarea, deberás estar acostado o sentado. Sugiero sentarse primero y luego pasar a acostarse.

- Comienza sentándote en una silla con tu perro al lado o frente a ti (lo que le sirva a tu perro y sea la forma más fácil de acceder a tu regazo).

- Dale palmaditas en el regazo y anima a tu perro a saltar sobre tu regazo para que su pecho y piernas descansen sobre ti.

- Haz *clic* y recompense a tu perro.

- Una vez que esté saltando con soltura en tu regazo, atrae su cabeza hacia abajo para que su barbilla esté sobre tu regazo o estómago. Haz clic y premia en esta posición.

- Comienza a agregar el nombre y retira lentamente el señuelo.

- Sostén los premios de manera contraria a tu perro que esta al lado tuyo y permítele acercarse (en lugar de atraerlo allí) para que se pose en la posición correcta con la barbilla en tu regazo.

- A continuación, pasaremos a esta tarea en posición de acostado.

- Tu perro deberá hacer la conexión. Sin embargo, si no lo hace, considera practicar primero en un sillón reclinable.

- Esta vez nos daremos palmaditas en el pecho y alentaremos al perro a que se acueste pesadamente allí. La presión debe ser relajante y tu perro debe estar tranquilo.

- Una vez que tenga a su perro acostado con la barbilla y el pecho sobre su torso cuando lo ordene, es hora de comenzar a construir la duración.

- Sostenga la golosina en dirección opuesta a la posición inicial de tu perro y da tu orden. Reten el marcador por un Mississippi y luego haz clic y recompensa.

- Continúa aumentando la duración y luego vuélvete consistentemente inconsistente. Esto significa que la forma y el orden en que practique sus repeticiones permanecerán iguales mientras que el tiempo variará aleatoriamente.

- Lo bueno de esto es que las señales que emites durante un ataque de pánico harán que tu perro te "conecte a tierra" si eres constante en pedirlo. Incluso puedes fingir ataques de pánico mostrando algunos de los síntomas, como temblores o hiperventilación para practicar tus repeticiones.

Desvestirse: Muchas personas son incapaces de desvestirse ellas mismas. La inflexibilidad y otras lesiones o discapacidades pueden resultar en la incapacidad de quitarse la chaqueta, los pantalones, la camisa y los calcetines de forma independiente, por nombrar algunos artículos. En esta guía paso a paso, le enseñaremos a tu perro a quitarte el calcetín y la chaqueta. Hay similitudes entre esto y la tarea "abierta". Primero, quítate los calcetines. ¡Espero que no tengas cosquillas!

- Comienza sentándote en una silla con tu perro frente a ti. Sostén un calcetín incítalo a tirar de él. Esto debería ser fácil para tu perro, ya que había visto estas imágenes antes cuando aprendió a abrir el gabinete para ti.

- No hay necesidad de dar un gran premio por este comportamiento.

- Mueve el calcetín entre sus piernas (si puedes, sostenlo entre tus rodillas o pantorrillas, si no, esta bien sostenerlo en tu posición con la mano) continua mientras tu perro progrese de manera constante y sin fallas.

- Colócate los calcetines en los pies de modo que ya estén a la mitad y pídele a tu perro que "te quite los calcetines" si se atora, retrocede y agrega el comando en el último punto en el cual fue eficiente. Premia las buenas intenciones.

- Cuando finalmente te quite los calcetines del pie, ¡haz *clic* y dale un gran premio!

- Comienza de nuevo gradualmente con el calcetín más y más en el pie hasta que esté completamente puesto. Luego pídele a tu perro que te quite los calcetines.

Solución de problemas: Ten en cuenta que puede ser extraño que tu perro agarre tu calcetín y tiene que tener cuidado de no morder los dedos de los pies. Si parece vacilante, dale lentamente más calcetín para que trabaje con él hasta que se sienta cómodo, luego lentamente velo poniendo más abajo.

Chaqueta! A estas alturas, te has quitado el calcetín y es hora de que te quites la chaqueta. Sin embargo, antes de que puedas quitártela, primero debes abrir la cremallera. Corrección, tu perro debe abrir la cremallera.

- Ata un trozo de cuerda o cordón de zapato a tu cremallera. Debe colgar de seis a ocho pulgadas de la cremallera.

- Comience con la cremallera solo a unas pocas muescas desde la parte inferior.

- Atrae a tu perro para que tire de la cuerda. Una vez que lo haga, haz clic y recompensa las buenas intenciones. Incluso si no lo abre del todo.

- Una vez que esté tirando constantemente de la cremallera para abrirla, muévela hacia arriba hasta la mitad y corta la cuerda por la mitad de tres a cuatro pulgadas.

- Solo avanza si tu perro ha estado abriendo la cremallera por completo con éxito y de manera constante. Agrega la palabra "cremallera" o "tirar de la cremallera" en este momento.

- A continuación, mantén la cremallera en el punto medio y corte la cuerda haciéndola más pequeña, de modo que sea solo una pequeña etiqueta colgando de la pestaña de la cremallera.

- Pídele a tu perro que tire de la cremallera y premia la progresión.

- Vuelve a colocar la cuerda después de que tu perro haya dominado la pequeña cantidad de cuerda en el punto medio. Sube la cremallera hasta arriba.

- Tu perro puede saltar a tu regazo para jalar con éxito de la pestaña de la cremallera. Recompensa el jalar, incluso si tu perro no es 100% exitoso en abrir la cremallera por completo.

- Una vez que se sienta cómodo haciendo esto y esté jalando constantemente de la cremallera completamente abierta, puede devolver la cuerda a una pequeña etiqueta.

- Después de que tu perro sea eficiente en tirar de la etiqueta pequeña, retira la cuerda por completo y comiencen de nuevo desde la parte inferior.

Solución de problemas: Si tu perro tiene problemas, coloca la cuerda para hace tres repeticiones consistentes en la parte inferior de la cremallera y para la cuarta repetición sin la cuerda. Repite hasta que tengas éxito. ¡Premia el progreso y termina con una buena nota!

- Ahora que la cremallera está abierta, es hora de quitarte también la chaqueta.

- Sujeta la manga de tu chaqueta y anima a tu perro a tirar de la muñeca. Recompensa este comportamiento y di el comando "desvestir".

- Avanza una vez que tu perro sea eficiente deslizando tu brazo dentro de la manga, yendo desde la punta de tus dedos y terminando en tu codo.

- Pide a tu perro que te "desvista" y anímalo a que tome y tire de tu manga justo como hiciste antes de que estuviera en tu brazo. Da clic y recompensa.

- Luego, desliza la manga más arriba de tu brazo de modo que la abertura de la manga quede alrededor de tu muñeca, pero la manga de la chaqueta aún debe terminar en tu codo.

- Una vez que tu perro haya dominado esto, coloca toda la manga de modo que el hombro de la chaqueta descanse sobre tu hombro. Esta debería ser una transición fácil para tu perro.

- A continuación, una manga y dos hombros. No hay mucha dificultad aquí visualmente para tu perro. Sin embargo, puede ser físicamente más difícil para él o ella pasarlo por encima de tus hombros. Dependiendo de tus capacidades, puedes ayudar a tu perro maniobrando tus hombros para que esto sea más fácil mientras tira de tu manga.

- La verdadera dificultad surge cuando también te pones la otra manga. Si puedes maniobrar tu brazo para que la primera manga sea fácil de quitar, entonces anima a tu perro a intentar con la otra manga. Esto puede resultar extraño para algunos perros debido a su pobre propiocepción. ¡La práctica hace la perfección!

- ¡Asegúrate de premiar a tu perro con cualquier progreso impresionante y terminar con una buena nota! Todas las sesiones deben durar solo de diez a quince minutos. Especialmente para las tareas complejas como esta.

Depositar artículos en un contenedor: Ahora que has enseñado a tu perro a desvestirte y cargar artículos, puedes enseñarle cómo llevar la ropa sucia a un cesto de ropa y tirarla dentro.

- Primero, consigue tu canasta de ropa sucia. Di tu frase inicial y luego coloca la canasta entre tu perro y tu.

- Usa un artículo con el que tu perro se sienta cómodo sosteniéndolo y colócalo a un pie de la canasta.

- Haz que tu perro sostenga el artículo y lo lleve hacia adelante hasta que su cabeza esté por encima de la abertura de la canasta.

- Tan pronto como su cabeza esté sobre la canasta, di el comando que te gustaría usar, como "canasta" y luego haz clic y recompensa. Esta vez, sin embargo (a diferencia de lo que has hecho en el pasado), no retendrás el elemento antes de hacer clic. En cambio, dejarás que el artículo caiga en la canasta.

- Haz esto varias veces hasta que deje caer el artículo cuando tu digas "cesta" y haz clic en la acción de dejar caer el artículo en la cesta.

- A continuación, di el comando antes. Da la orden directamente antes de comenzar a caminar. Este paso puede resultar confuso para tu perro, pero permítele cometer errores. Puede que le tome un momento darse cuenta y comprender que la canasta juega un papel clave en la tarea. Al principio, tu perro puede pensar que "canasta" es un comando para simplemente dejar caer lo que sea que tenga en la boca.

Solución de problemas: Deje que se equivoque algunas veces sin ser recompensado, coloca la canasta más cerca y luego llévalo a la canasta sin dar la orden. Espera a ver si deja caer el artículo en la canasta en silencio mientras tu perro coloca la cabeza sobre la abertura. Haz clic y dale un gran premio si lo hace.

Solución de problemas: Coloca la canasta a un pie de distancia de tu perro y da la orden justo antes de que su cabeza esté por encima de la abertura de la canasta. Solo recompénsalo por meter el articulo dentro de la canasta.

- Una vez que sea eficiente con los dos pies y dando la orden antes de caminar hacia la canasta, comienza a hacer que tu perro camine solo hacia la canasta.

- Sostén la correa, dale al perro el artículo que has estado usando y pídele que haga una "canasta". Si ha realizado los pasos anteriores de manera exitosa, debe dejar el artículo en la canasta. Si no lo hace, vuelve sobre sus pasos de progresión hasta donde estaba mejor y tómalo más despacio esta vez.

- Después de completar esto hasta el punto de una precisión del 100%, puedes continuar agregando gradualmente distancia entre la canasta y tu. La diferencia entre este paso y los anteriores es que estarás parado y tu perro te dejará para ir a la canasta. Use su correa para guiarlo.

- Eventualmente tu perro hará esto rápidamente y con entusiasmo y correrá hacia ti para obtener su recompensa. Asegúrate de dar la orden, dejar que tu perro lleve el artículo a la canasta, que lo deje caer en la canasta y hacer clic solo cuando deje caer el artículo en la canasta.

Solución de problemas: Sin embargo, si tu perro ha tenido problemas para dejarte e ir a la canasta, haz clic y recompensa las buenas intenciones, pero solo da el premio mayor cuando llegue a la canasta. Juega con la distancia para hacerlo más fácil y preparar mejor a tu perro para las oportunidades de conseguir el premio mayor.

- ¡Diviértete con esta tarea y comienza a entrenar con los mismos pasos para tirar basura o incluso reciclar!

Limpiar el cuarto/casa: Muchas personas que padecen un trastorno de estrés postraumático u otras formas de ansiedad inducida por el estrés tienen la necesidad de sentirse completamente seguras y protegidas. A menudo, temerán que cuando entren a una habitación o casa pueda haber una amenaza potencial en el interior, especialmente si la habitación o la casa están a oscuras. Dos cosas que un perro de servicio puede hacer para brindar una sensación de comodidad a su ser humano en esta situación es revisar la habitación o la casa y encender las luces. Primero, le enseñaremos a tu perro a limpiar una habitación.

- Di tu frase inicial y lleva a tu perro por el perímetro de la habitación. Haz clic y recompensa al perro cada vez que te siga a lo largo de la superficie de la pared. Incluso si son solo unos pocos pasos.

- Eventualmente, tu perro se dará cuenta de que le pagan por seguir el perímetro de la habitación, y puedes comenzar a aumentar la duración hasta que solo esté ganando el premio mayor al final o al completar la habitación.

- Mantén estas sesiones breves y solo permite que el perro esté en esta habitación cuando esté entrenando la tarea.

- Avanzando, engancha a tu perro a una línea larga y aléjate lentamente de la pared, permitiendo que el perro permanezca en la pared. La primera vez que te vayas y tu perro se quede, debes darle el premio gordo.

- Una vez que estés parado en el medio de la habitación y tu perro esté escaneando constantemente el perímetro sin que tu lo muevas o lo guíes, puedes comenzar a moverte gradualmente hacia la puerta.

- Asegúrate de acercar a tu perro hacia la pared en cada ocasión señalando y dando la orden.

- Una vez que estés junto a la puerta y tu perro sea capaz de avanzar alrededor del perímetro y de regreso a ti, puedes intentar salir de la habitación y dejarlo adentro. Si tiene algún problema para entender lo que estás pidiendo, vuelve al paso en el que aún era competente.

- Después de esto, regresa adentro y pídele a tu perro que escanee el perímetro mientras las luces están apagadas. Si tiene éxito, sal de la habitación y envíalo a la habitación oscura.

Solución de problemas: Si tu perro tiene miedo de entrar en la habitación oscura, intenta tres repeticiones contigo dentro de la habitación oscura y una con las luces encendidas al comienzo de la búsqueda (contigo fuera de la habitación) y cuando esté aproximadamente a la mitad del escaneo, apaga las luces. Alternativamente, puedes enviarlo al cuarto oscuro, llevarlo con la correa al cuarto oscuro y guiarlo por el perímetro. Premia solo cuando busque completamente en la oscuridad.

- ¡Da un gran premio a cualquier progresión importante y siempre termina con una buena nota! Asegúrate de cerrar con tu frase final.

- A continuación, para despejar una casa entera, queremos comenzar nuevamente desde adentro. Comienza con la habitación que habías estado usando para entrenar la limpieza de la habitación.

- Haz clic y recompensa a tu perro una pequeña cantidad y luego envíalo a otra habitación (bien iluminada). Si parece confundido, guíalo por el perímetro y dale el premio gordo cuando llegue al final de la habitación tal como lo hizo en la primera habitación.

- Para esto no es necesario que sea una habitación con puerta. También podría ser un área de la casa, como la cocina o la sala de estar. La idea es hacerlo por todas las habitaciones hasta que puedas enviarlo desde la habitación principal, y tu perro buscará el perímetro de cada habitación de la casa. Eventualmente, estará fuera de tu casa (siguiendo los mismos pasos que la tarea de limpieza de la habitación); Cuantas más habitaciones y casas hagas, más generalizará el perro las casas y las habitaciones y comprenderá mejor lo que estás preguntando. Esto generará neutralidad en todos los entornos para esta tarea.

Encender y Apagar Interruptores de Luz: Ahora que tu perro puede registrar toda una casa (o al menos una habitación), sería bueno que pudiera encender las luces para aliviar aún más tu ansiedad. Esto también es útil por las mañanas cuando te levantas de la cama y cuando te vas a dormir por la noche. Lo más fácil que puedes hacer es comprar una lámpara de activación táctil para tu hogar. Primero repasaremos cómo entrenar para la lámpara táctil activada y luego pasaremos a la tarea más compleja de los interruptores de luz.

- Empieza con tu frase inicio.

- Ten la luz enchufada y frente a ti y tu perro.

- Si has enseñado el comando de cierre para gabinetes, esto debería ser fácil.

- Toma un trozo de cinta o una nota adhesiva y colócalo sobre la lámpara donde el perro debería estar tocando.

- Pídele a tu perro que "toque" (solo con la nariz, lo explicaré más adelante).

Solución de problemas: Si a tu perro le cuesta entender lo que se espera de él, vuelve a lo básico. Pega el trozo de cinta adhesiva a tu mano y comienza a moverla hacia la lámpara para que tu perro entienda a donde su cuello debe estirarse o doblarse.

- Después de que tu perro haya presionado suficiente la cinta de la lámpara, agrega distancia. Comienza desde un pie de distancia y aumenta la distancia solo si es consistente con la distancia anterior.

- Una vez que estés satisfecho con la distancia, vuelve a la lámpara y haz tres repeticiones con la cinta a una distancia corta y luego corta la cinta por la mitad y haz una cuarta repetición. Comienza a agregar la palabra que te gustaría usar, como "lámpara" o "luz". Continua hasta que tu perro domine el trozo más pequeño de cinta. Añade distancia.

- Una vez contento con su distancia y repeticiones exitosas, vuelve a la lámpara. Quita la cinta completamente. Y da tu mando. Si está confundido, vuelve a agregar la cinta para tres repeticiones y para la cuarta, quítele la cinta. Continua hasta alcanzar su objetivo y agrega distancia de la misma manera que lo hiciste en los pasos anteriores.

- Ahora que es competente con la lámpara táctil; es hora de dominar los interruptores de luz. Necesitarás ser un poco creativo y astuto con tu cinta para esto. Aunque no es convencional, esta es la forma más rápida que he encontrado para comunicar esta tarea a un perro.

- Comienza con un trozo de cinta adhesiva en la pared al nivel de los ojos de tu perro.

- Pídele a tu perro que lo "toque" solo con la nariz. Luego, eventualmente, le pediremos a tu perro que ponga sus patas en la pared para encender y apagar la luz. No solo es más complicado de maniobrar para el perro, sino que también podría dañar la pared si usa su pata para presionar el interruptor de la luz. Especialmente al principio, cuando apenas se está acostumbrando.

- Empieza a mover la cinta más arriba en pequeños incrementos. Si lo haces demasiado rápido, es posible que tu perro no se sienta lo suficientemente seguro como para intentar alcanzarlo.

- Muévelo hacia arriba hasta que la cinta esté a la misma altura que los interruptores de luz. Debe tener alrededor de cuatro pies de altura.

- Haz algunas sesiones para que tu perro se sienta cómodo al alcanzar esta altura.

- A continuación, (aquí es donde se pondrán a prueba tus habilidades en manualidades) haz un interruptor de luz con la cinta. Usa un trozo plano de cinta adhesiva en la pared con otro trozo de cinta doblado por la mitad a lo largo. Los extremos de la cinta ensánchalos para pegar la cinta en la pared. Debe colocarse a la altura de los ojos de tu perro.

- Pídele a tu perro que lo toque y recompensa las buenas intenciones. El objetivo es que empuje hacia arriba la solapa. Ahora agrega tu comando para esto.

- La primera vez que empuje hacia arriba la solapa, haz clic y dale un gran premio. Da un premio grande a los empujones hacia arriba y luego solo recompense normal los empujones hacia arriba. Usa tu juicio para saber cuando hacer el cambio a solo recompensar levantar la solapa.

- Aumenta la distancia con el interruptor de luz improvisado a esta altura. Premia las buenas intenciones.

- Mueve lentamente el interruptor de luz de cinta improvisado a la altura del interruptor de luz real.

- Una vez que tu perro se sienta cómodo con esta altura, agrega distancia. Asegúrate de hacer clic y recompensar las buenas intenciones cada vez que agregues más distancia o altura. Sin embargo, solo debes avanzar si está empujando constantemente con la nariz la solapa hacia arriba.

- Ahora que tu perro es un profesional con el interruptor de cinta, dobla un trozo de cinta sobre el interruptor y asegúralo en su lugar alrededor de la palanca del interruptor real con otro trozo de cinta si es necesario.

- Comienza cerca del interruptor y dale a tu perro el comando que has estado usando para el interruptor de luz hecho con cinta. Si tiene problemas con esto, vuelve al último paso en el que se sentía seguro.

- Recompensa las buenas intenciones, como saltar, saltar y oler el interruptor de la luz, o saltar y presionar el interruptor. Todos estos te llevarán a tu objetivo.

- ¡Da un gran premio en cualquier ocasión que tu perro haga progresos y termina con una buena nota!

- Una vez que tu perro encienda la luz con éxito, puedes comenzar a dejar la luz encendida y pedirle que encienda la luz; tu perro debería frustrarse y probar otras formas de tocar el interruptor. Accidentalmente, eventualmente apagará la luz, y esto lo hará merecedor de un premio grande. Esto requiere mucha paciencia.

- En el momento en que comprenda que el interruptor se puede encender y apagar, puedes agregar una palabra diferente para diferenciar entre las dos acciones. Dependiendo del perro, es posible que debas agregar un comando por separado, o su perro puede entender si el interruptor está hacia arriba para bajarlo y viceversa.

Quitar la manta: Muchas personas con perros de servicio pueden sufrir depresión y, como muchas personas con depresión, a veces es difícil levantarse de la cama. Tener la responsabilidad de un perro a veces puede ser un incentivo suficiente. Sin embargo, en algunos casos, es posible que necesite un poco más. En otros casos, es posible que no pueda quitarse la manta de su cuerpo físicamente. Esta es una tarea divertida y fácil para tu perro, especialmente si entiende algunos de los comandos anteriores, como desvestirse, abrir y cerrar la cremallera.

- Como mencioné antes, cada perro es diferente y, por lo tanto, lo que funciona para algunos perros puede no funcionar para otros.

- Dicho esto, es posible que tu perro, por ejemplo, no quiera quitar tu manta. Sin embargo, si es creativo, primero puedes atar un trozo de cuerda a la esquina de tu manta y continuar desde allí. A los efectos de la explicación, tu perro tirará de la manta (si necesita ayuda con la transición de la cuerda, aplica la base de la cremallera en la sección etiquetada como "desvestirse").

- Inicia la sesión con tu frase inicial y siéntate en una silla con una manta sobre tu regazo.

- Invita a tu perro a tirar de la manta (o de la cuerda si así lo deseas).

- Tu perro ha visto esto antes si ha realizado las otras tareas, por lo que debería entenderlo bastante rápido.

- Luego, acuéstate en la cama con la manta sobre ti. Atrae a tu cachorro para que tire de la manta. Premia las buenas intenciones y dale el premio gordo si lo logra por completo.

- **Consejo:** Si quieres ponerte elegante, puedes hacer que el comando sea tu despertador para que cuando suene tu alarma, ¡tu perro te arranque la manta!

Post: Muchas personas que necesitan un perro de servicio aprecian el espacio (incluso las personas que no necesitan un perro de servicio). Algunos incluso lo requieren si padecen ansiedad u otro trastorno psicológico. Los perros pueden mitigar esta ansiedad sirviendo como una barrera entre usted y otras personas. Esto es útil en filas y / o en áreas concurridas. Para comenzar esta lección, toma una toalla como la que usaste cuando le enseñaste a tu perro el comando de lugar.

- Pon la toalla en el suelo y engancha a tu perro con la correa.

- Atrae a tu perro hacia la toalla con la correa y recompénsalo por pararse sobre ella.

- Una vez que tu perro se dé cuenta de por qué está siendo recompensado, pídele que se siente o se acueste cuando esté sobre la toalla. Para explicarlo mejor, le pediremos a su perro que baje.

- Una vez que tu perro se mueva con soltura hacia la toalla y se acueste sin que se lo pidas, di la palabra "post" y lleva a tu perro hacia la toalla. Haz clic y da un premio grande. Puedes usar el comando que más te guste para esta tarea.

- A continuación, párate frente a la toalla y dele a tu perro el comando de tarea que elegiste. Ayúdalo usando la correa para guiarlo detrás de ti. Recompensa con un gran premio.

- Luego agrega el comando "abajo". Prueba tres repeticiones diciéndole que baje y la cuarta vez sin hacerlo. Premio grande por la progresión.

- Ahora es el momento de quitarle la correa. Inténtalo sin la correa. Si está confundido, usa comida para atraerlo hacia la toalla detrás de ti. Recompensa por ponerse en posición detrás de ti, no por acostarse.

- Una vez que esté acostumbrado a ir detrás de ti sin la ayuda de la correa, agrega nuevamente el comando "abajo".

- El último paso es quitar la toalla.

Solución de problemas: Si tu perro está confundido por la ausencia de la toalla, dobla la toalla para que sea más pequeña y haz tres repeticiones que sean exitosas y para la cuarta repetición, retírala. Repite esto hasta que consigas una repetición exitosa sin la toalla, haz clic, da un premio grande y termina con esa buena nota.

- Otra forma de hacerlo es que tu perro se pare frente a ti para crear una barrera. Esto no tiene por qué ser un comando. Muchas personas que utilizan este comportamiento son provocadas por personas que se les acercan demasiado rápido. Puedes usar esto como una señal para que tu perro se ponga delante de ti cuando estés parado (para que no te tropieces con él). La señal es una persona que camina demasiado rápido hacia ti.

- Primero, debes enseñar la misma acción que fijar en tu espalda. Esto significa llevar la toalla al frente y atraer a tu perro con una correa al frente. Paso a paso, retira sus ruedas de entrenamiento hasta el punto en que tu perro siga la guía de su correa hacia ti frente en la toalla.

- Escoge a tu ayudante de mayor confianza y colócalo a unos 10 pies de distancia de ti. La distancia realmente depende de ti.

- Haz que camine hacia ti a un ritmo que te molestaría si fuera un extraño o alguien que no conoces también. Asegúrate de que tu perro mire hacia adelante.

- Una vez que llegue a la mitad, guía a tu perro frente a ti. ¡Haz clic y da un premio grande!

- Es muy probable que esto requiera muchas repeticiones. Mantén las lecciones breves, y una vez que tu perro se mueva de manera preventiva frente a ti al captar la señal y juntar la imagen, puedes quitar la toalla. Premia el progreso o cualquier repetición que te haya impresionado.

Control en la multitud: Los perros de servicio pueden ayudar a las personas a las que no les va bien en áreas concurridas. En la tarea anterior, hablamos sobre lo que debe hacer tu perro si estás parado, pero ¿qué pasa si estás caminando? Aún quieres que la gente mantenga la distancia para no engentarte. El comportamiento de dar vueltas a tu alrededor es una tarea eficaz que te servirá como tu propio control personal de multitudes.

- Comienza de pie en un solo lugar, inmóvil.

- Mantén a tu perro atado y a tu lado, guíalo alrededor de tu cuerpo y de regreso al mismo lado. Haz clic y recompensa.

- Es importante que elijas un lado y una dirección para el círculo, esto es para darle a tu perro una mejor oportunidad de entender lo que se le pide.

- Da la orden una vez que tu perro sea guiado sin esfuerzo a tu alrededor por la correa.

- Cuando le des la orden, asegúrate de dar la orden y luego guiarlo alrededor de tu cuerpo. Esto hará que el proceso sea más fácil para tu perro, y escuchará tus órdenes verbales en lugar de lo que está haciendo tu cuerpo. Si realizas la acción de guiar a tu perro durante o antes del comando, tu perro buscará tu gesto guiándolo en lugar del comando verbal.

- Una vez que te esté ganando con la guía de la correa, puedes agregar más círculos. Comienza con una única recompensa (el premio mayor la primera vez) cuando el perro dé dos vueltas.

- Eventualmente, tu perro comprenderá que debe dar vueltas más de una vez para recibir la recompensa. Esperar a tu perro en este punto lo alentará a seguir dando vueltas. La frustración aumentará su impulso para seguir dando vueltas a tu alrededor hasta que hagas clic y le recompenses.

- Alternativamente, puedes continuar agregando círculos gradualmente (solo avanzando una vez que tu perro domine el último número de círculos).

- Sugiero conseguir de siete a diez círculos continuos y luego comenzar a marcar al azar. La aleatoriedad hará que tu perro continúe rodeándote, solo prestando atención al marcador como una señal para detenerse y recibir un pago (recompensa).

- Una vez que esto sea fácil para ti, da un paso mientras tu perro está dando vueltas y luego haz clic y dale el premio gordo.

Solución de problemas: Si tu perro se detiene cuando das un paso, recompénsalo tres veces por dar vueltas mientras estás parado y en la cuarta repetición, solo mueve ligeramente la pierna hacia adelante como si fueras a dar un paso. Haz clic y recompensa. Continua con esto gradualmente y da un premio grande al primer paso que dé.

- Luego da dos pasos y da el premio grande. ¡Mantén estas sesiones breves y divertidas! Continua hasta que puedas caminar en línea recta y tu perro te rodee continuamente.

- Para comenzar a girar, comienza parado y simplemente gira tu cuerpo 90 grados en una dirección, haz clic y premia a tu perro. Luego, puedes comenzar a agregar el giro después de los pasos hacia adelante. Pronto caminarás con fluidez con tu perro creando una zona de amortiguación entre tú y el mundo.

- Recuerda, cada vez que tu perro se confunda, vuelve al último paso en el que se sentía seguro.

Subir una silla de ruedas por una rampa: Muchas personas con problemas de movilidad tienen dificultades para subir y bajar escaleras. Si tienes este problema, es posible que puedas utilizar a tu perro de servicio para estabilizarte cuando subas y bajes las escaleras. Sin embargo, para aquellas personas que están en silla de ruedas, deben usar una rampa. Dependiendo de su condición física, es posible que no puedan subir físicamente la silla por la rampa. Para ello, podemos utilizar tu perro de servicio. Asegúrate de que tu perro esté en buen estado de salud y lo suficientemente fuerte como para tirar de tu peso corporal más la silla. Si estás en silla de ruedas, para empezar, es posible que debas sentarte en una silla o en el suelo al principio. También debes encontrar una cuerda que luego puedas sujetar de manera segura a su silla de ruedas.

- Comienza con tu frase de inicio.

- Entrégale la cuerda a tu perro y anímalo a tirar de ella. Recompensa cualquier tirón y da un gran premio a los tirones rectos hacia atrás.

- Permite que tire de tu torso hacia adelante en línea recta y premia este comportamiento tranquilo. Ignora si se frustra y no recompenses hasta que el perro esté tranquilo.

- Tu perro debe tirar constantemente mientras camina hacia atrás hasta que escuche el marcador y sea recompensado.

- Cuando estés seguro de que tu perro entiende esto, busca un objeto (como una canasta de plástico para la ropa sucia) al que puedas sujetar la cuerda.

- Con la cuerda atada, incita a tu perro a tirar de la cuerda nuevamente. Haz clic y recompensa cualquier tirón que mueva el objeto. Recompensa los pasos firmes hacia atrás. Puedes agregar tu palabra de comando aquí.

- A continuación, agrega más peso (es fácil si estás usando una canasta de plástico para la ropa).

- Si a tu perro le va bien con esto, vuelve a quitar el peso y dirígete a la rampa.

- Si es posible, baja la rampa para que tengas una pendiente menor.

- Coloca el objeto que tu perro jalará hacia la parte de arriba con la cuerda lo más cerca de la parte superior.

- Haz *clic* y recompensa a tu perro por jalar de la cuerda, pero solo el premio gordo cuando tire de la canasta hacia la parte superior.

- Mueve la canasta más abajo en la rampa en la misma pendiente. Continua hasta que sea eficiente haciéndolo.

- Una vez que haya tirado con éxito de la canasta de manera metódica desde la parte inferior de la rampa hasta la parte superior en la pendiente más baja, mueve la rampa hacia arriba y comienza de nuevo. Luego comienza a agregar peso nuevamente.

- Cuando vuelvas a agregar peso, baja la rampa nuevamente y comienza con la cesta en la parte superior.

- Cuando tu perro se sienta seguro con esto, comienza a recompensarlo solo por tirar de la canasta desde la parte inferior hasta un pie más allá de la rampa en la parte superior.

- La razón por la que estamos dando pasos tan pequeños es porque queremos garantizar tu seguridad y también la de tu perro. Cuanto más cómodo se sienta tu perro con esta tarea, más seguro estarás tu.

- Luego, regresa a una superficie plana y sujeta con seguridad la cuerda que has estado atando a tu silla de ruedas vacía.

- Muestra la cuerda atada a tu silla de ruedas vacía a tu perro y pídele que la jale.

- Da el premio mayor cuando la silla de ruedas se mueva. Premia las buenas intenciones.

- Cuando esté moviendo constantemente la silla de ruedas de una manera metódica tirando de ella y retrocediendo en línea recta, puedes llevarlo a la rampa. Recuerda, solo debe soltar la cuerda y dejar de tirar cuando escuche tu marcador.

- En la rampa, colócala en un ángulo más bajo y coloca la silla de ruedas en la parte inferior. Intenta tres repeticiones de tirar de la silla de ruedas vacía en el suelo plano y luego colócala en la parte inferior de la rampa.

- Coloca a tu perro en la parte inferior y dale la orden de tirar de la silla de ruedas. Recompensa cualquier tirón, solo da el premio grande si la lleva hasta la cima. Asegúrate de animarlo todo el tiempo, ya que esto puede no ser fácil para tu perro.

- Lentamente sube la pendiente de la rampa y comienza a recompensar solo cuando tire de la silla de ruedas un pie más allá de la rampa en la parte superior.

- Solo cuando esté tirando constantemente de la silla de ruedas vacía hasta un pie más allá de la parte superior en la inclinación más alta, puedes comenzar a agregar peso a la silla de ruedas. Sugiero usar libros o pesas estilo gimnasio si las tienes.

- ¡Todavía no han llegado a la meta! Coloca un aproximado a la mitad de tu peso corporal en la silla de ruedas y pídele que la arrastre sobre una superficie plana. Recompensa solo cuando esté tranquilo y sujete la cuerda. Solo debe soltarla cuando escuche el marcador.

- A continuación, agrega el resto del peso. De hecho, no está de más agregar algunas libras más de lo que pesas. Continua con el nuevo peso sobre una superficie plana.

- Asegúrate de que esta haciendo esto con eficiencia el cien por ciento del tiempo antes de pasar a la rampa.

- Una vez en la rampa, vuelve a mover la pendiente a un nivel bajo. Saca la mitad del peso y pídale que suba la silla de ruedas con la mitad de tu peso por la rampa. Premio mayor si lo completa, recompensa los intentos y anima siempre mientras tira.

- Lentamente suba la pendiente con la mitad del peso en ella.

- Cuando tu perro domine ese peso, pon el peso completo y baja la rampa nuevamente. ¡Gracias por ser tan paciente, pero entenderá por qué si se salta estos pasos puede ver a su perro dejar caer la silla de ruedas completamente pesada por la rampa!

- Nuevamente, solo dé el premio mayor a su perro por tirar de la silla de ruedas con el peso completo por la rampa un pie más allá del borde. Solo recompense si hace una línea recta tranquilamente.

- Una vez que tu perro esté tirando de la silla de ruedas con peso completo hacia arriba en una pendiente completa de manera constante y segura en todo momento, ¡es hora de ponerte en el asiento!

- Por supuesto, primero hará esto en una superficie plana. Primero haz que tu perro tire de la silla de ruedas con peso falso sobre una superficie plana, hagan aproximadamente tres repeticiones consistentes, y luego, en la cuarta repetición, reemplaza el peso contigo mismo.

- SÓLO recompensa a tu perro si no te suelta y tira hasta que escuche el marcador. No avances hasta que esto sea exacto.

- Solo haz clic cuando estén a un pie más allá de la parte superior de la rampa. Cuando te sientas seguro de tu perro, comienza a subir la rampa. Si comienza a sentirse menos seguro, practica una inclinación más baja hasta que esté listo para volver a subir.

- Sugiero al menos cincuenta repeticiones limpias de cada inclinación incrementándola antes de probar la rampa a la altura máxima. ¡La seguridad primero!

- ¡Recuerde mantenerlo divertido y alentador para tu perro!

Recordatorio de medicación: Muchos de nosotros podemos ser olvidadizos mientras las horas pasan día a día. Para algunos, pasarse de la hora que necesitan para tomar sus medicamentos podría ser perjudicial para su salud y su vida. Incluso si configuras una alarma, es posible que tengas problemas de audición o que estés lejos de la alarma en ese momento. Aquí es donde entra tu perro. ¿Alguna vez notaste cómo tu perro sabe exactamente cuándo es la hora de la cena? Esto se debe a que son expertos en rutina. ¡Les encanta la rutina! Dicho esto, es natural utilizar su reloj interno con el propósito de mantenerte saludable. Hay algunas formas en que podemos hacer esto y también algunas alertas. Para explicarte mejor, le estaremos enseñando a tu perro cómo encontrar tu medicamento y llevártelo a la hora del día en que lo tomes todos los días. Es posible que tu perro tarde un poco en aprender. Creo que la mejor manera es concentrarse en esta tarea para la mayoría de las lecciones que realiza. Primero, debemos enseñarle a tu perro cuáles son tus medicamentos, dónde se guardan y cómo conseguirlos.

- Comienza la lección con tu frase inicial.

- Te sugiero que guardes los envases de tu medicamento en una bolsa de plástico con cierre hermético para la seguridad de tu perro.

- Comienza con una bolsa de plástico vacía y repite los pasos para sujetar y traer. Crea distancia. Una vez que te esté trayendo la bolsa de plástico de manera competente, agrega el medicamento dentro de la bolsa de plástico con cierre hermético.

- Luego, comienza a agregar el sonido de alarma de tu medicamento (este sonido de alarma debe ser exclusivo de tu medicamento). Utiliza el sonido de la alarma seguido inmediatamente por el comando. Solo da el premio mayor cuando reacciona al sonido de la alarma y no a tu comando de voz.

- Una vez que esté haciendo esto de manera constante, puedes colocar el medicamento en el lugar donde normalmente se encuentra.

- Empieza cerca de la ubicación y reproduce el sonido de la alarma seguido de tu comando de voz.

- Agrega distancia lentamente cada vez que lo haga bien.

- Empieza a reproducir el sonido en otras habitaciones. Si se confunde, continua con el paso exitoso anterior.

- Cuando tu perro esté haciendo esto sin fallas y divirtiéndose, deja de hacer las lecciones. ¡Así es! Este divertido juego termina y se convierte en un regalo diario (es posible que esto no suceda rápidamente).

- Supongamos que tomas tu medicamento a las 9 a.m. cada mañana. Configura la alarma para tu medicación a esa hora y cuando suene por primera vez, ordena a tu perro que traiga tu medicación. Gracias al perro de Pávlov, sabemos que esto desencadenará una respuesta condicionada (especialmente si es a la misma hora todos los días porque a los perros les encanta la rutina constante y la previsibilidad), y tu perro irá a buscar tu medicamento por ti.

- Esto puede tardar hasta un mes en ser completamente consistente, así que se paciente y ayuda a tu perro cuando se atore. Cada recompensa por esto debería ser un gran premio y, durante un tiempo, debería ser el único premio de mayor valor. Esto significa que cualquier otro premio mayor que obtenga debería ser solo una mayor cantidad de su recompensa regular, no una comida mejor diferente por completo.

Tomar artículos del estante de la tienda: Si estás en silla de ruedas, puede resultarte difícil alcanzar los artículos de los estantes superiores en la tienda e incluso en casa. Afortunadamente, si tu perro de servicio es lo suficientemente alto, ¡puede hacer esto por ti! Tendrás que usar un estante en casa (sugiero limpiarlo primero) y agregar el artículo que tomará con frecuencia.

- Comienza en un estante bajo, aproximadamente al nivel de los ojos de tu perro. Pídele que lo tome. Si tiene problemas con esto, comienza más abajo o más cerca de ti.

- Lentamente levanta el artículo más arriba en el estante. Da una Buena recompense por ser suave, ya que lo hará en las tiendas.

- Una vez que domine este objeto en el nivel más alto que pueda alcanzar, cambia a un objeto diferente y repite los pasos.

- Comienza en el estante bajo y muévelo lentamente hasta lo alto. Y luego cambia a otro objeto.

- Cualquier artículo servirá. Cuanto más diferente y aleatorio, mejor. Prueba con un libro pequeño y liviano, levántalo de manera que quede vertical con la encuadernación hacia afuera.

Solución de problemas: Si tu perro tiene problemas para agarrar el libro, déjalo colgar del borde un poco de lado al principio. Levántalo por los niveles del estante y luego bájalo y gíralo verticalmente, dejándolo colgar del borde.

Todo el camino hasta el estante, y luego comienza de nuevo con la vertical empujada un poco más atrás. Señalar también será de gran ayuda para tu perro como una señal visual cuando vaya a la tienda a hacer esto.

- Cambia a un libro más pesado una vez que lo haga bien con el libro más ligero.

- A continuación, intenta usar artículos que se encuentran comúnmente en la tienda. Puntos extras por artículos que encontrará en el estante superior y que compra con regularidad. La idea es que se acostumbre lo más posible a lo que hará en la tienda. Prueba esto en diferentes habitaciones y en casas de amigos y familiares primero si puedes.

- Cuando te sientas seguro, es hora de ir a la tienda y probarlo.

- Tienes que estar tranquilo y relajado. Si no es así, no lo intentes ese día.

- Lleva algunos artículos que tu perro reconozca del ejercicio de estantería en casa.

- Busca un área aislada de la tienda con poco tráfico y coloca uno de los artículos en un estante bajo. Comienza a colocarlo lentamente en estantes más altos y en diferentes áreas. Da un premio grande por cualquier progreso o cualquier cosa que te impresione.

- Comienza a pedirle a tu perro que tome los artículos de la tienda en los estantes bajos. Haz esto por un rato y luego sal de la tienda. No se recomienda que hagas esto mientras realmente necesitas comprar. Toda tu energía debe ir a tu perro mientras aprende esta complicada tarea.

- La próxima vez que regreses, comienza en el estante bajo y luego pídele que saque los artículos de un estante un poco más alto y practica esto para este viaje. Da un gran premio al final.

- ¡Continua con esto en cada viaje hasta que tome artículos del estante superior! También puedes dar nombres a diferentes artículos, pero con el propósito de explicar mejor la acción, no se hizo durante la lección. Te sugiero que te ciñas a un elemento a la vez si planeas hacer esto.

Poner artículos de la tienda en el carrito: Ahora que tomó tus artículos del estante, es hora de depositarlos en el carrito de compras. Encontrarás esto similar a la tarea de la cesta de la ropa con algunas ligeras variaciones.

- Primero, consigue la misma canasta de ropa sucia que usaste antes. Di tu frase inicial y luego pon la canasta un poco más alta de lo habitual. Quizás en una pila de libros o en una mesita baja.

- Usa un artículo con el que tu perro tenga más éxito al realizar la tarea del estante y coloca a tu perro a aproximadamente un pie de la canasta.

- Pídele a tu perro que ponga el artículo en la canasta. Si tiene problemas con esto, pon la canasta en el suelo para algunas repeticiones.

- Prueba esto con algunos artículos diferentes y luego comienza a levantar la canasta más alto.

- Tu objetivo debe ser conseguir que la cesta sea tan alta como el carrito de la compra.

- A continuación, debes encontrar una canasta notablemente diferente. Cuanta más variedad de cestas o cubos uses para este ejercicio, más fácil será cuando lo haga en público en la tienda. En ese sentido, también debes practicar esto en diferentes habitaciones e incluso en las casas de otras personas si puedes.

- Una vez que tu perro está colocando el artículo en la canasta elevada, podemos pasar al siguiente nivel.

- Coloca un artículo familiar en una superficie cerca de la canasta baja.

- Pídele a tu perro que lo lleve a la canasta, señala el artículo que deseas que recoja y di "traer" y, una vez que lo haga, señala la canasta y di "canasta".

- Prueba esto con algunos objetos diferentes.

- A continuación, coloca el artículo en el estante que usaste originalmente para entrenar la tarea del estante para hacer lo mismo. La canasta debe estar relativamente cerca del estante. Señala el artículo y di "traer", luego, señala la canasta y di "canasta". Muy claro.

- Después de completar esto hasta el punto de una precisión constante del 100%, puedes continuar agregando altura al estante de forma incremental.

- Intenta mover la canasta para que, para cada repetición, esté en un lugar diferente.

- Luego, comienza a agregar altura a la (s) canasta (s).

- Varía los artículos también. Cuanto más inconsistente sea, mejor. Como se explicó anteriormente, esto significa que la forma en que lo enseña debe seguir siendo la misma, pero ciertos factores son aleatorios. En este caso, las variables son la altura de la canasta, la altura de los artículos y los artículos en sí y la distancia entre la canasta y el estante.

- Una vez que tu perro tome los artículos del estante superior y los deposite en la canasta elevada, puedes agregar distancia desde el estante hasta la canasta.

- Cuando te sientas seguro de la capacidad de tu perro para realizar esta tarea en diferentes estantes con diferentes canastas en diferentes lugares, ¡es hora de ir a la tienda!

- Sugiero usar primero una de esas cestas de plástico de mano primero y elegir artículos del estante inferior.

Solución de problemas: Si tu perro está confundido, sal y continua en casa o usa un artículo familiar para que tu perro lo saque del estante. Recompénsalo si saca un artículo del estante pero se confunde sobre dónde ponerlo y da un gran premio por ponerlo en la canasta.

Solución de problemas: También puedes optar por pedirle a tu perro que te quite un artículo y lo ponga en la cesta de la tienda. Esto lo descompondrá más para tu perro.

Entrega de efectivo o tarjetas de crédito al cajero: Ahora que todos tus artículos han sido cargados en el carrito, ¡es hora de ir a pagar! Sin embargo, tu silla de ruedas está restringiendo tu capacidad de entregar el dinero al cajero. ¿Qué vas a hacer? ¡Utilizar a tu hábil perro de servicio, por supuesto!

- Para esta lección, necesitarás una tarjeta de crédito caducada, Monopoly o dinero / papel de juguete y un ayudante.

- Comienza con tu frase de inicio.

- Ten a tu ayudante frente a tu perro, y tu debes estar en el medio pero a un lado.

- Para explicarlo mejor, diré tarjeta de crédito como el artículo que está utilizando. Puede usar toda su billetera, cartera o efectivo.

- Entrega tu tarjeta de crédito (usa primero una tarjeta vencida para que si se daña durante el entrenamiento, no importe) a tu perro y luego pídele a tu ayudante que le quite la tarjeta a tu perro. Haz clic y recompensa tan pronto como tu ayudante tome la tarjeta.

- Repite esto hasta que puedas ver que tu perro se da cuenta del patrón.

- A continuación, haz lo mismo durante tres repeticiones y luego, para la cuarta repetición, haz que tu ayudante espere. Puede llevar un tiempo, pero tu perro debe hacer un movimiento de cabeza hacia el ayudante. Si hace esta conexión, ¡haz clic y dale el premio mayor!

Solución de problemas: Si le funciona a tu perro, puedes pedirle a tu ayudante que diga "traer" para cerrar la tarea.

- Una vez que tu perro comprenda el intercambio, tu y tu ayudante pueden comenzar a poner distancia entre ustedes.

- Ahora puedes jugar a pasar la tarjeta. Haz que tu perro te quite la tarjeta, se la dé a tu ayudante y luego te la devuelva. Dale a tu perro una recompensa por llevárselo al ayudante, y el premio mayor por completar la tarea al devolvértelo a ti. Pero recuerda, tu debes ser el único gratificante. Tu perro debe entregarle la tarjeta al ayudante, luego haces clic y tu perro debe regresar a ti para recibir la recompensa. Luego, tu ayudante puede atraer a tu perro para que regrese, entregarle la tarjeta a tu perro y luego tu puedes decir "traer" y darle el premio mayor a tu perro por devolver la tarjeta.

- Luego, acorta la distancia entre tu y tu ayudante y coloca una mesa baja u otra superficie entre ustedes. El perro debe estirar la mano por encima de la mesa para dar la tarjeta.

- Una vez que tu perro esté navegando con soltura por este obstáculo, levanta la superficie. Continúa haciendo esto gradualmente hasta que la superficie esté al nivel del mostrador.

- Cuando vayas a la tienda, informa al cajero que esta tarea aún se encuentra en las etapas iniciales. Serán comprensivos y ayudarán en todo lo que tu perro necesite.

- Para aumentar tus probabilidades de éxito, no utilices siempre el mismo ayudante. Esto preparará a tu perro para entregar objetos a extraños.

Encontrar el coche: Ahora pagaste por tus comestibles y los cargaste en tu carrito. Es hora de llevarlos al coche. ¡Pero espera! Si sufres pérdida de memoria y problemas de visión, ¿dónde está tu automóvil? No te preocupes; ¡Puedes entrenar a tu perro para que encuentre tu coche específico! ¡Necesitarás una cinta adhesiva para esto!

- Comienza con tu automóvil en el camino de entrada. Di a tu perro tu frase inicial.

- Coloca un trozo de cinta adhesiva en cualquier lugar del automóvil que esté al nivel de los ojos de tu perro.

- Pídele a tu perro que toque la cinta. Continua con esto hasta que la esté tocando constantemente todo el tiempo. Ahora añade la frase "encuentra el coche".

- Empieza a agregar distancia poco a poco.

- Cuando tu perro esté haciendo esto rápidamente, enganche su correa y deje que la arrastre detrás de él.

- Luego, deja que te lleve al auto mientras sostienes la correa. Tú controlas la velocidad. Esto puede obstaculizar al perro, pero sigue animándolo a encontrar el coche.

- Una vez que tu perro te esté guiando de manera eficiente hacia el automóvil que está a la vista, salga de la vista del automóvil y pídale que "busque el automóvil".

Solución de problemas: Si tu perro no está seguro una vez que el automóvil está fuera de vista, vayan a un lugar donde pueda ver el automóvil, pero esté junto a la persiana, la pared o el árbol, etc. Y de el premio mayor si tiene éxito. Luego, gire en una esquina para perder de vista el automóvil y vuelve a intentarlo.

- Cuando tu perro encuentre con éxito el automóvil fuera de la vista, mueve el automóvil.

- Practica estos pasos en un estacionamiento y mueve el automóvil a diferentes espacios. ¡Haz que sea siempre un juego divertido para tu perro!

Llevar de la tienda de comestibles: ¡Finalmente, estás en casa y ahora necesitas traer los alimentos que tu y tu perro eligieron y compraron juntos! A estas alturas, tu perro te lleva artículos sin esfuerzo, pero ¿qué tal si los lleva por ti? Algunas personas necesitan ayuda para llevar bolsas de la compra o tal vez su bolso. Para esta guía, le enseñaremos a tu perro cómo llevar una bolsa de supermercado reutilizable. Si no tiene una, puede comprar una por menos de un dólar en cualquier supermercado. No solo son excelentes para el medio ambiente, sino que también son más fáciles de sostener para tu perro.

- Mantén a tu perro con correa.

- Muéstrale la bolsa de la compra vacía sujetando el lado del asa frente a tu perro.

- Pídele a tu perro que "sujete" el asa. Haz clic y recompensa.

- Para la próxima recompensa la duración. Una vez que haya acumulado duración con la bolsa de la compra, estas listo para poner a tu perro en movimiento.

- Con tu perro frente a ti, retrocede un paso mientras sostienes la bolsa vacía. Usa la correa para guiar a tu perro a caminar contigo.

- Tan pronto como dé el primer paso, di "Bien", haz clic y da el premio mayor.

- Recuerda, toma la bolsa antes de darle el marcador a tu perro.

- Continua con este paso hasta que pueda caminar unos cinco pasos hacia atrás.

- Ahora es el momento de desafiar la propiocepción de su perro. Muévete al lado de tu perro y pídele que sujete el asa.

Solución de problemas: Si tu perro intenta girar hacia el frente de ti, intenta usar una pared o algún tipo de barrera para detener esto.

- Una vez que sea capaz de permanecer al lado y sostener la bolsa durante unos cinco segundos, da un paso, luego haz clic y dale el premio mayor.

- Construye los pasos como lo hiciste cuando tu perro caminaba frente a ti. Recuerda, si tu perro no está de humor para aprender, ponlo en su jaula y sácalo unos minutos después. Sé feliz y alentador para tu perro.

Asistencia en el transporte: Cuando se vaya a dormir por la noche y se mueva de la silla de ruedas a la cama, es posible que necesite ayuda en la transición. Afortunadamente, con esto en mente durante la selección, eligió un perro que es adecuado para esta tarea porque es robusto y fuerte. Sin embargo, es posible que algunos perros no comprendan tus necesidades y, debido a esto, deben estar entrenados para aceptar tu peso a medida que avanza del punto A al punto B.

- Comienza con tu frase de inicio.

- Coloca tu mano en la espalda de tu perro entre sus omóplatos.

- Da *clic* y recompensa.

- Aumenta gradualmente la cantidad de presión que aplicas y da un premio mayor a tu perro en cada progreso.

- Ten a tu perro atado y camina con él unos pocos pasos con la mano ligeramente sobre su espalda. Recompensa los pasos pequeños y luego comienza a recompensar la duración y las distancias más largas.

- Agrega gradualmente una presión constante y recompénsalo por aceptarlo.

Solución de problemas: Si tu perro intenta alejarse de tu lado para aliviar la presión, vuelve a la presión con la que se sentía cómodo antes. Continua con esta presión hasta que se sientan cómodos y luego agrega la presión más lentamente esta vez.

- Ahora inténtelo desde su silla. Aplique una ligera presión con la mano sobre el lomo del perro. Haga clic y recompense.

- Continúa agregando presión y haz clic tan pronto como se levante, aunque sea un poco. Dale un gran premio a tu maravilloso perro.

- Haz esta repetición unas cinco veces y luego levántate un poco más. Haz clic y premia.

- Aumenta constantemente la presión mientras te pones de pie lentamente usando a tu perro como muleta o bastón.

- Combina los dos. Levántese de su silla de ruedas y use a su perro para caminar hasta su cama. ¡Misión cumplida! ¡Bota a tu perro!

Mover extremidades paralizadas en la cama: Si sus extremidades inferiores están paralizadas, meterse en la cama y sentirse cómodo puede ser una tarea tediosa. Con la ayuda de su perro de servicio, esto puede pasar un poco más rápido y causarle menos dolor de cabeza.

- Comienza completamente en la cama sin las mantas puestas.

- Ten a tu perro en el lado de la cama por el que te acuestas todas las noches.

- Con un trozo de comida, atraiga la nariz de su perro debajo de su pierna donde debe empujar (a menudo la parte superior de la pantorrilla).

- Haz esto pasando tu mano debajo de tu pierna desde el interior de la pantorrilla hacia el exterior.

- Premia las buenas intenciones cuando tu perro te toque la pierna.

- Continúa recompensando esto y luego reten el premio un poco más, esto hará que tu perro empuje más fuerte. Esto es bueno.

- Luego, comience a atraer la nariz de su perro hacia arriba una vez que esté debajo de su pierna. Premio grande si dejó su pierna incluso un poco más arriba.

- Continua con esto hasta que puedas quitar el señuelo con éxito. Sé paciente.

- Una vez que tu perro empuja constantemente su pierna hacia arriba con su nariz sin guía, puede dejar caer una pierna del costado de la cama y atraer la nariz de su perro debajo de la pantorrilla de la misma manera que lo hizo antes.

- Premia a tu perro por empujes fuertes.

- Continua con esto, pidiendo más fuerza cada pocas repeticiones, reteniendo la golosina para generar frustración, lo que hará que tu perro empuje más fuerte.

- Cuando pueda empujar con éxito la pierna hacia arriba, intente con la segunda pierna.

Despertar al entrenador: Ahora te has acostado, pero lamentablemente sufres de hipersomnia. Esto significa que puede dormir hasta bien entrado el día, directamente a través de las alarmas y faltar a citas, medicamentos o peor aún, ¡adiestramiento de perros! Afortunadamente, se puede entrenar a su perro de servicio para que lo despierte de forma rutinaria. Por esto, es posible que se ensucie un poco. Necesitará mantequilla de maní o miel, según sus preferencias y posibles alérgenos.

- Comienza la sesión con tu frase inicial.

- Con tu perro al lado, toma una porción pequeña del delicioso bocadillo elegido y frótalo en tu cuello o mejilla. Dale una orden a tu perro o elige el sonido de alarma que prefieras. (Debe ser diferente al sonido que eligió para la alarma de su medicación)

- No permitas que tu perro te lama antes de que suene la alarma.

- Haz clic cuando suene la alarma, señala el desorden y deja que tome la recompensa de tu cara o cuello.

- Haz esto varias veces hasta que tu perro comprenda el orden de los eventos.

- Lava tu cara.

- Reproduce la alarma nuevamente y haz clic. Puedes ayudar a tu perro señalando el lugar donde quieres que lama. Debería ser el mismo lugar que antes estaba la deliciosa sustancia.

- Una vez que estén haciendo esto, haga clic para lamer (rimas) y recompense de su mano.

- Quite el apuntador. Si su perro se confunde, practique tres repeticiones con la guía de señalación y no señale en la cuarta repetición.

- Crea una distancia entre tu y el perro.

- Toca la alarma, si tu perro viene y te lame, ¡dale el premio mayor!

- Si tiene problemas, manténgase a esa distancia, pero vuelva a señalar su cara o cuello.

- Luego, acuéstese en la cama y practique sus repeticiones a una distancia corta, luego agregue una distancia mayor.

- Una vez que sea un experto en esta tarea, comienza a poner la alarma cuando tu perro esté durmiendo. Cuando se despierte, ¡señala a tu mejilla y dale el premio mayor por ese increíble progreso!

- ¡Continúe haciendo esto hasta que se sienta seguro para dejar que la alarma suene rutinariamente por la mañana!

Interrumpir autogolpearse: Muchas personas que sufren de comportamientos repetitivos a menudo intentarán controlar los impulsos. Esto puede acumularse y eventualmente estallar en actos violentos, a menudo contra uno mismo. Esta toma de corriente puede ser peligrosa y causar lesiones a la persona. Si sufre de esto o algo similar, estos pasos de tareas guiados podrían mejorar enormemente su calidad de vida. ¿Recuerdas el juego en el que tenías la pata de tu perro en tus manos para revelar la recompensa? ¡Ahora es el momento de darle un buen uso!

- Comienza con tu frase de inicio.

- Recapitula con tu perro el mismo juego que aprendimos antes.

- Extienda una de sus manos con la comida escondida dentro de su puño.

- Con su otra mano, sostenga el clicker.

- La comida siempre vendrá de la mano que está tocando, al principio. Está bien cambiar de manos. De hecho, lo animo.

- Una vez que su perro esté pateando su mano con pericia, retenga el marcador. La idea es hacer que te toquen la mano continuamente hasta que marques el comportamiento.

- Cuando haya alcanzado este objetivo, comience a levantar la mano hacia su cara. Hágalo lentamente. No salte directamente a pedirle a su perro que le toque la mano en una posición completamente nueva.

- Al mover la mano de forma incremental, su perro no notará tanto la diferencia.

- No continúe con el siguiente incremento hasta que su perro esté pateando constantemente su mano de manera constante.

- Una vez que se haya llevado la mano hasta la cara, haga clic y gane el éxito de su perro.

- Continúa premiando esto por algunas cuantas sesiones.

- Cuando se sienta seguro, comience a tocar su rostro lentamente. Si su perro ve la misma imagen cada vez, será más fácil. Habiendo dicho eso, haz tres repeticiones consistentemente exitosas de la imagen anterior donde tu mano solo está levantada y estancada en tu cara, luego mueve tu mano lentamente hacia adelante y hacia atrás en un movimiento lento de golpeteo o golpe en la cuarta repetición.

- Una vez que su perro esté haciendo esto con precisión y sin detenerse hasta que escuche una palabra / sonido de marcador, acelere el movimiento. (En realidad, no te toques la cara cuando empieces a acelerar). ¡Premio mayor a cualquier progreso!

- Si tu perro lo está entendiendo bien, puede comenzar a darle esta imagen al azar a lo largo del día. Asegúrese de tener comida para recompensarlo si realiza el trabajo.

- Muchas personas agregan lamidas a esto ya que sienten que les brinda comodidad. También puede aplicar la tarea de terapia de presión profunda a esto y hacer que su perro se acueste sobre su pecho y brazos. Esto le proporcionará calidez y seguridad.

Solución de problemas: Si tu perro no entiende la imagen fuera del entrenamiento, mantenga la lección más corta y el premio gordo con más frecuencia.

¿Te gusta lo que estás leyendo? ¿Quieres escuchar esto como un audiolibro? ¡Haz clic aquí para obtener este libro GRATIS al unirte a Audible!

https://adbl.co/2Nw1wg1

CONCLUSIÓN

Felicitaciones! Has completado el libro. ¡Ahora está en la posición perfecta para aprobar con éxito la prueba de acceso público ADI! Después de esta prueba, usted y su perro serán un equipo de perros de servicio certificado. Espero que hayas disfrutado de tu viaje con tu perro y de los recuerdos que has creado a lo largo del camino. Independientemente de la discapacidad que tenga, el vínculo que comparte con su compañero peludo brilla intensamente y le brindará seguridad y comodidad a la vez que promueve la independencia y la fuerza. Puede agradecer no solo a su perro, sino también a usted mismo por las hazañas que ha logrado. Atribuya su nueva calidad de vida al trabajo dedicado que le ha dedicado a su perro, su nuevo mejor amigo. En el camino de aquí en adelante, tú y tu mejor amigo alcanzarán altibajos. Aprecia los mínimos en este momento mientras esperas los máximos. Así como cada momento es un momento de enseñanza para nuestros perros, también es un momento de enseñanza para nosotros. Por mucho que le haya enseñado a su perro, piense en lo que le ha enseñado. Paciencia, comprensión, creatividad, conexión y, sobre todo, tu perro te ha enseñado y seguirá enseñándote a ti mismo. Como adiestrador de perros profesional, las mejores lecciones de vida que he aprendido son de los perros que he adiestrado. Revelarán tus defectos y los reflejarán hacia ti, lo que te obligará a afrontarlos. Una vez que lo haga, verá un aumento en su comunicación y vínculo entre usted y su perro. Cuanto más consciente sea de estos inevitables obstáculos durante su entrenamiento continuo, mejor comprenderá cómo simplificar y resolver los problemas cuando surjan. Que tenga un viaje maravilloso y satisfactorio, y no dude en volver a leer cualquier sección del libro para su mantenimiento. Recuerde, el entrenamiento nunca termina.

Por último, si este libro le resultó útil de alguna manera, ¡siempre se agradece un comentario!

www.ingramcontent.com/pod-product-compliance
Lightning Source LLC
Chambersburg PA
CBHW080955120626
46546CB00010B/2899